COVID-19
L'oligarchie démasquée

COVID-19 L'oligarchie démasquée

Florian PHILIPPOT

ISBN 9798680155653

Sommaire

Chapitre 1

L'Union européenne contre la santé

Il aura fallu une épidémie pour que les Français prennent pleinement conscience de l'effondrement des grands services publics dans leur pays. Si chaque soir pendant le confinement nous applaudissions les personnels soignants à notre fenêtre, sur notre balcon, c'est parce que nous savions qu'ils faisaient des miracles avec des bouts de ficelle. Des semaines durant, nous avons craint l'embolie, notamment dans les services de réanimation et nous savons qu'elle n'a pas eu lieu totalement au prix d'un effroyable tri des patients, dont furent victimes nos anciens qu'on laissait crever en EHPAD. Nous y reviendrons. On sait aussi que par corporatisme, désorganisation, malice, bêtise, incompétence, on ne sait plus, le gouvernement n'a pas répondu à l'appel de cliniques privées qui proposaient leurs services. On préférait envoyer des malades en réanimation par TGV à l'autre bout de la France sous l'œil des caméras plutôt que de les conduire de l'autre côté de la rue, dans un service adapté d'une clinique qui n'attendait que cela... Le 19 août sur CNEWS, le Professeur Didier Raoult confirmera cette sous-mobilisation du secteur privé, notamment dans le Grand Est.

Il faut dire que tout a été minutieusement fait depuis plusieurs décennies pour mettre à terre l'hôpital public. Avant d'être acclamés, les mêmes soignants ont été gazés, matraqués, lorsqu'ils manifestaient légitimement pour leurs revendications. On a encore en tête ces images qui datent du 9 janvier 2020, quand un homme venu défendre une infirmière à terre en pleine manifestation reçoit en retour une quinzaine de coups de poing des forces de l'ordre. Un mois avant le confinement, les soignants remettaient cela, pour la Saint-Valentin, le 14 février 2020, après onze mois de mobilisation aux urgences et de colère à l'hôpital. La seule réponse du gouvernement fut comme d'habitude le mépris.

À vrai dire, le quinquennat d'Emmanuel Macron n'a fait que mettre ses pieds dans les pas de ses prédécesseurs. La destruction de l'hôpital fut progressive, mais constante. Reprenons cet article de *Libération* daté du 8 mars 2015 : « La logique comptable fait son lit à l'hôpital ». « *Libération* a eu accès à un texte confidentiel qui prévoit des économies drastiques, des coupes dans les effectifs ». « Un kit distribué aux ARS », précise plus loin le quotidien.

Si vous cherchez des articles du même type sur les vingt dernières années, vous en trouvez à foison. Et la plupart du temps ils sont parfaitement exacts et documentés : oui, la logique comptable a tout emporté à l'Hôpital, au détriment de la santé et du service public. En 2006 (le système se déploiera jusque 2012), un certain Jean Castex, alors Directeur de l'Hospitalisation et de l'Offre de Soins au ministère de la Santé, mettait en place la désormais célèbre « T2A », pour « Tarification à l'Activité », celle qui « transforma l'hôpital public en hôpital-entreprise » selon les mots du professeur Christian Perronne dans son livre best-seller *Y a-t-il une erreur qu'ils n'ont pas commise ?*. La T2A fut en effet pensée dans le seul objectif obsessionnel de « réduire les coûts », en mettant fin au système de subventionnement des établissements hospitaliers au bénéfice d'un financement fondé sur les « besoins ». Un mécanisme pervers qui poussera à des fermetures massives de services de soins ou de maternités de proximité incapables d'atteindre le fameux « seuil de rentabilité ».

À l'époque Jean Castex haut fonctionnaire était convaincu des bienfaits de ce système, puisqu'il déclarait au journal *Le Monde* qu'il « nécessitait un gros travail de pédagogie. Ce système a le mérite d'obliger tous les établissements à se regarder avec lucidité. » D'autres feraient bien de « se regarder avec lucidité » dans un miroir aujourd'hui, pour voir s'ils assument cette mise en coupe réglée de la Santé...

En 2009, notre désormais ministre de la Culture, alors en charge de la Santé, Roselyne Bachelot, ajoutera une couche à ce désastre par sa loi « HPST » (Hôpitaux, Patients, Santé, Territoires), celle qui mettra notamment en place les Agences Régionales de Santé, ARS, qui se sont illustrées dans la crise du Covid par leur obsession de la rationalisation des coûts et leur incapacité à organiser rapidement une riposte au niveau. Les vieux réflexes sont tellement prégnants qu'en plein confinement, le 3 avril 2020, et au cœur de la région la plus touchée de France, le directeur de l'ARS Grand Est affirmera qu'il ne voyait « pas de raison » d'interrompre les suppressions de postes et de lits au CHRU de Nancy, prévues pour septembre... Devant le tollé provoqué par ces propos qu'on croirait sortis d'un ordinateur placé hors de notre espace-temps, le directeur sera finalement limogé par Olivier Véran. Nul doute qu'un placard doré l'attendait quelque part.

Largement à la manœuvre dans les années 2000 pour saborder l'Hôpital, nos deux actuels ministres, Jean Castex, le Premier d'entre eux, et Roselyne Bachelot, n'ont manifestement aucun regret puisque ni la T2A ni la loi HPST ni l'existence des ARS n'ont été abrogées ou même questionnées... Mesures qu'il faudrait pourtant prendre d'urgence.
Pire, on annonce pour les mois qui viennent de nouvelles fermetures de lits, notamment en Alsace, où une vingtaine serait menacés, dont quatorze dans des hôpitaux strasbourgeois. Les applaudissements aux fenêtres auront fait long feu... Selon Thierry Amouroux, porte-parole du Syndicat national des professionnels infirmiers qui s'exprimait en juillet 2020 sur France Info, « les petits comptables avec leur tableau de bord sont revenus et ils recommencent les plans d'économie. »

La tendance n'a jamais changé, malgré les alertes. En 25 ans, de 1993 à 2018 (chiffres d'Emmanuel Vigneron, professeur des universités, géographe de la Santé), 83 131 lits ont été supprimés en médecine, chirurgie et gynécologie obstétrique dans les secteurs public et privé, 31 603 ont été supprimés en psychiatrie. Seuls les soins de suite et réadaptation font l'objet d'une timide exception avec un gain sur la même période de 11 352 lits. Au total, ce sont plus de 100 000 lits (103 382 exactement) qui ont été rayés d'un trait de plume de l'hôpital !

Doit-on s'arrêter là et considérer que par extraordinaire malchance, notre pays verrait défiler à sa tête des présidents, des chefs de gouvernement et des ministres de la Santé irrémédiablement convaincus par les mêmes dogmes comptables, au prix de la santé des Français ?
Non, ce serait mettre de côté un aspect fondamental du problème, qui touche le service public hospitalier comme l'ensemble des services publics : notre appartenance à l'Union européenne et à l'euro.

Cet aspect du sujet est souvent l'angle mort de l'analyse des politiques dits « d'opposition » et des chefs syndicalistes. Par soumission idéologique à l'européisme sans aucun doute, notamment parmi certains chefs de l'opposition prêts à toute remettre en cause... sauf notre appartenance à une structure qui décide 80 % de nos lois ! Par tactique de carrière aussi, car certains et certaines sont convaincus, et intimement terrorisés, par la leçon qu'on prête à Jacques Chirac selon laquelle on « ne pourrait pas être élu président en France si on est contre l'Europe » (entendez l'Union européenne).

Et pourtant c'est bien le cœur du problème ! Et ce le sera plus encore demain si nous ne faisons rien.

Selon Martin Schirdewan, eurodéputé et coprésident de la Gauche unitaire européenne, qui a fait le calcul, la Commission européenne a demandé à soixante-trois reprises depuis 2011 aux États membres de l'UE de privatiser certains pans du secteurs de la santé ou de réduire les dépenses en matière de santé. Ce chiffre est vertigineux, mais il est exact. Il suffit de se plonger dans les « grandes orientations de politique économique » édictées chaque année à destination des vingt-sept États membres pour le constater. Même la fournée 2020, pourtant publiée en pleine crise sanitaire, économique et sociale, le 20 mai 2020, n'a pas modifié d'un iota sa vision des choses, se payant le luxe de préciser que « les recommandations de 2019 restent d'actualité. » Circulez, il n'y a rien à voir pour les technocrates de Bruxelles !

Rien de surprenant à cela, dans l'idéologie de l'Union européenne, tout se vaut, tout s'achète et tout se vend. Les services publics, qui n'existent pas en tant que tels dans les Traités et les directives, ne sont que des secteurs ouverts plus tardivement que les secteurs marchands à la sainte concurrence du fait d'insupportables pesanteurs de l'Histoire ! ... Et d'ailleurs, tout y est progressivement passé : l'électricité, libéralisée ! Le gaz, libéralisé ! Le frêt, libéralisé ! Le ferroviaire, libéralisé ! La Poste, libéralisée ! La santé ne pouvait faire exception.

De ce point de vue, les choses risquent d'empirer dans un avenir proche. Le plan de relance européen décidé le 21 juillet dernier à Bruxelles ne sera pas sans contreparties. Même s'il fut encensé par la presse, notamment en France alors même que notre pays n'aura qu'à y perdre, il est d'une redoutable perversité : l'argent sera versé aux États bénéficiaires en échange de « programmes nationaux de réformes ». Programmes qui devront être validés par la Commission européenne et le Conseil européen. À chaque tranche d'argent débloquée. Et si un pays membre juge que son petit camarade mène une politique « pas conforme à ses engagements », il pourra mettre à l'ordre du jour d'un prochain Conseil européen le sujet, dans l'espoir de bloquer l'argent...
Inutile de vous dire que les réformes demandées par l'Union européenne ne vont généralement pas dans le sens d'un plus grand service au public, mais obéissent bien plus souvent au triptyque « Rentabilité, Austérité, Marchandisation ».
Recevant 40 milliards de subventions au titre de ce plan de relance européen (et s'engageant sur plus de 100 milliards pour le financer...), la France n'échappera pas à ce processus de contrôle de ses choix publics. Une mise sous tutelle sans le dire. Pour appliquer un

programme d'austérité à la grecque sans le dire non plus...

Nous avons d'ailleurs de quoi être inquiets quand nous entendons Emmanuel Macron, affublé comme souvent de sa tutrice la chancelière Merkel, déclarer en conférence de presse le 17 mai 2020 que « l'Europe de la santé doit devenir notre priorité. »

Le secteur de la Santé représente des milliers de milliards d'euros de « chiffre d'affaires », sur lesquels lorgnent depuis bien longtemps les assurances privées, mutuelles, fonds de pension et autres lobbies qui gravitent à Bruxelles autour des institutions européennes. Faites-leur confiance pour tenir la plume du futur « commissaire européen en charge de la santé » (il existe déjà mais ses prérogatives sont minces) et décider de directives européennes parfaitement conformes à leurs intérêts...

Nous devons au plus vite rompre avec cette logique mortelle de l'austérité et de la privatisation de la Santé. C'est un profond, très profond, changement de philosophie qui sera nécessaire pour y parvenir. Et l'acte fondateur devra être le Frexit, la sortie de notre pays de l'Union européenne et de l'euro. Le Frexit ne réglera rien en lui-même mais il nous donnera la possibilité à nouveau de choisir notre destin, et non de subir.

Cela supposera le courage d'aller contre la pensée unique, le vent médiatique dominant et les pressions colossales des lobbies.

Il faudra pour y parvenir à la tête du pays des hommes et des femmes de marbre, droits dans leurs convictions, pétris du sens de l'intérêt général, appuyés sur une légitimité populaire incontestable.

Chapitre 2

Où est passée notre industrie ?

La crise sanitaire a également été l'occasion de révéler le triste état de notre industrie nationale aux Français. Ceux-ci, pour une large partie, vivaient encore sous le mythe d'un État stratège, capable de mener à bien des projets industriels des plus ambitieux. Or, le coronavirus a fait exploser en mille morceaux cette croyance, encore vraie il y a quelques décénnies. Le pays d'Airbus, du Concorde, de Technip, d'Alstom, n'était désormais plus capable de produire seul des bouts de tissus et des fils élastiques. C'est dire si le choc a pu être violent pour certains.

Les chiffres sont là : en l'espace de quelques décennies, le poids de l'industrie dans le PIB français a été divisé de moitié, pour flirter péniblement avec les 12 %, tandis qu'outre Rhin, le poids de l'industrie allemande représente encore 20 % dans l'économie nationale.

Ce constat délétère s'explique pourtant par des choix désastreux en matière de politique industrielle de la part de nos gouvernants, qui ont laissé l'idéologie de la concurrence libre et non faussée gangrener leurs actions. Ainsi donc, au fil des années, l'idée même de protéger nos fleurons nationaux face aux volontés impérialistes chinoise et américaine apparaissait comme saugrenue, d'arrière-garde, pour ne pas dire suspecte et dangereuse. Combien de fois avons-nous entendu de la bouche des experts autoproclamés des plateaux TV que le protectionnisme, c'était la guerre ; qu'il fallait aller dans le sens de l'histoire, de l'Europe, du tout marché ; et que quiconque renâclait était au mieux un imbécile, au pire un belliciste ?

L'Union européenne est la véritable courroie de transmission de cette idéologie : l'élargissement de 2004 a conduit à de nombreuses délocalisations d'usines vers l'Est, les traités de libre-échange (conclus de la manière la plus opaque possible) ont accéléré la fonte de nos industries et de notre agriculture, au profit de pays où le coût du travail (salaires et charges) peut être jusqu'à dix fois inférieur au coût du travail français. Comment rivaliser dans de telles conditions face à la Bulgarie, dont le coût horaire de la main d'œuvre était en 2016 de 4,4 euros, sans protectionnisme intelligent, et sans pouvoir déprécier sa monnaie souverainement ? La seule solution possible, si l'on s'échine à rester dans ce carcan, est ce que l'on appelle la « dévaluation interne », qui n'est autre qu'une baisse drastique des salaires. Et quand bien même nous prendrions de telles mesures - qui déclencheraient aussitôt un soulèvement populaire -, nous ne ferions toujours pas le poids face au

Bangladesh ou à l'Éthiopie, qui peuvent émarger à respectivement 83 et 25 euros par mois... Excusez-les d'être moins cupides que nous..

Quant à la directive des travailleurs détachés, elle crée une distorsion telle entre les salariés français et polonais, bulgares ou slovaques qu'elle ne peut que participer à la hausse du chômage en France. L'euro, enfin, aggrave année après année la situation des pays du sud de l'Europe, et les plonge dans le gouffre du fait d'une monnaie surévaluée pour leurs économies, au bénéfice quasi exclusif de l'Allemagne, comme l'ont démontré de nombreux prix Nobel d'économie, tout particulièrement Paul Krugman et Joseph Stieglitz.

Sous couvert de la lutte contre les monopoles, l'Union européenne a également poussé à la scission en plusieurs entreprises des grands groupes nationaux (EDF est la prochaine sur la liste).

Plus petites et plus faibles, elles seront davantage soumises à la voracité de firmes américaines, chinoises, voire européennes.

Encore faut-il pour préserver nos fleurons avoir des responsables politiques dignes défenseurs de notre industrie. Arnaud Montebourg l'a démontré lors de son passage au ministère du Redressement productif lors de l'épisode Alstom. Cette entreprise, qui faisait la fierté de tout un pays, fit l'objet d'une attaque en règle dans le cadre d'une véritable guerre économique à laquelle se livrent les États-Unis contre la France.

General Electric, aidé par la justice américaine, a usé de toute sa force pour forcer la vente d'Alstom Énergie à son profit, ce qui a porté définitivement atteinte à notre indépendance énergétique, mais aussi militaire. Il faut lire le témoignage précis et poignant de Frédéric Pierricci, haut cadre d'Alstom de l'époque, dans son livre *le Piège américain*, ou son entretien sur la chaîne YouTube Thinkerview.
Quelques années plus tard, la branche Transport, productrice de nos TGV mondialement reconnus, a failli être vendue aux Allemands.

L'absence de volonté politique s'illustre une fois de plus dans la crise que nous continuons de traverser. L'idéologie du stock, de la planification, a été remplacée par l'idéologie du flux et du libre-échange intégral.

Ainsi, durant les premières semaines de l'épidémie, la France a manqué d'absolument tout : masques, tests, réactifs, bouteilles d'oxygène. L'indépendance sanitaire d'un pays de 67 millions d'habitants a été balayée par des décennies d'idéologie voulant que nous soyons plus forts ensemble. On a vu le résultat.

On peut trouver durant ces mois de crise sanitaire d'innombrables manifestations du déclin industriel français. L'entreprise Luxfer est l'un des plus frappants et médiatiques.

Au tout début de la crise, alors que les hôpitaux sont totalement démunis (rappelons que nos soignants, dans la sixième puissance mondiale, utilisaient des sacs poubelle pour se protéger), il apparaît que la France n'est plus en capacité de produire par elle-même ses propres bouteilles d'oxygène. Vraiment ? Pas totalement : une entreprise auvergnate, Luxfer, fermée depuis plusieurs mois, appelle les autorités à l'aider provisoirement, afin de faire repartir la production, et de sauvegarder des compétences uniques en France. Mieux, celle-ci indique qu'elle est prête à se remettre au travail au plus vite afin de fournir ces bouteilles d'oxygène dont la France a impérieusement besoin.

Las, le gouvernement, horripilé par le simple mot de « nationalisation », a préféré faire la sourde oreille, laissant les 136 salariés auvergnats sur le carreau.

Dans le même temps, alors qu'il a poussé de nombreuses industries textiles à se reconvertir toutes affaires cessantes dans le masque en tissu dit « grand public » face à la pénurie, de nombreux articles de presse nous apprennent que les fabricants français peinent désormais à écouler les masques qu'on leur a pourtant intimé de produire ! En juillet 2020, la préfecture de Mayenne a même distribué aux habitants du département 650 000 masques en tissu *made in Vietnam*, alors que le Gouvernement avait demandé aux industriels français d'en produire massivement et alors que, cerise amère sur le gâteau, il existe en Mayenne même des PME qui fabriquent des masques en tissu.

La politique du chien crevé au fil de l'eau, voilà ce qu'est devenue la politique industrielle de la France.

Le confinement et l'arrêt total de l'économie, du fait de l'impréparation de nos gouvernants face à un risque épidémique, vont conduire bon nombre d'entreprises, de petits commerçants, de restaurateurs, à mettre la clé sous la porte. Les mesures proposées par le gouvernement (fonds de solidarité, reports de charges) apparaissent aux yeux de tous comme insuffisantes.

Dans ses allocutions présidentielles toutes plus longues les unes que les autres, Macron se la joue désormais souverainiste : « Notre priorité, c'est de produire davantage en France et en Europe », disait-il le 31 mars. Ces belles paroles, triste aveu de l'abandon de l'industrie par nos dirigeants successifs, ne peuvent pourtant pas être appliquées dans le cadre des traités européens et de l'euro.

Un exemple tout simple : favoriser les entreprises nationales dans le cadre de la passation de marchés publics est tout bonnement interdit par l'Union européenne, au nom du principe d'égalité de traitement et de non-discrimination des candidats à un appel d'offres.

L'État et les collectivités locales se retrouvent obligés de se réfugier dans des contorsions juridiques pour tenter de faire travailler autant que faire se peut les entreprises locales.

L'étau de l'euro et les règles de la sacro-sainte concurrence européenne ne pouvant être desserrés, notre industrie ne pourra suivre qu'une pente déclinante jusqu'à ce que nous soyons devenus un pays musée, incapable de produire sur son propre sol, et totalement dépendant des économies extérieures.

L'imposture est telle qu'Emmanuel Macron n'a pas hésité à recréer un Commissariat au Plan, et de le confier à un éternel revenant : François Bayrou. Mais que planifier quand on ne maîtrise ni sa monnaie, ni sa politique budgétaire, ni sa politique industrielle, ni sa politique commerciale ? D'autant plus quand le « haut-commissaire au plan » est un ultra-européiste !

Il est plus qu'urgent de se ressaisir collectivement, de poser les bons diagnostics et pointer les échecs européens mais aussi les erreurs nationales (comme le choix de faire peser la fiscalité davantage sur les TPE/PME que sur les grands groupes), et d'en tirer les conséquences en retrouvant par le Frexit notre capacité de planifier, de protéger nos secteurs stratégiques, et de conclure des accords de coopération avec nos partenaires, en prenant grand soin de préserver nos compétences sur notre territoire.

Tels sont les objectifs qui doivent nous guider, et qui doivent être mis en œuvre au plus vite, avant que notre pays atteigne un point de non-retour.

Chapitre 3

Des mensonges en pagaille

J'ai participé comme chef de parti politique représenté au Parlement à quatre reprises aux réunions « crise du coronavirus » convoquées par le Premier ministre, à l'époque Édouard Philippe, en présence du ministre de la Santé Olivier Véran, du ministre de l'Économie Bruno Le Maire et du ministre de l'Intérieur Christophe Castaner (ce dernier sera remplacé quelques mois plus tard par Gérald Darmanin, après qu'il a confessé à la télévision l'idée saugrenue de se mettre à genoux devant le clan Traoré...).

Les deux premières réunions se tinrent physiquement, la première le 27 février dans une étroite pièce de Matignon, on ne parlait pas alors encore de « distanciation sociale », la deuxième dans une pièce plus vaste du ministère de la Santé début mars (entre temps, le gel hydroalcoolique avait fait son apparition à l'entrée des réunions, et chaque siège était séparé d'un minimum d'un mètre), puis à deux reprises en visio-conférence en début de confinement. Ces réunions furent aussi l'occasion de situations à la fois cocasses et incongrues. En effet, le système de visioconférence mis en place par Matignon était d'une telle complexité que nombre de responsables politiques - à commencer par moi-même - se sont retrouvés quelque peu décontenancés, pour ne pas dire perdus ; d'autant plus que nous étions prévenus des modalités de connexion quelques heures à peine auparavant. Branle-bas de combat à quelques minutes des réunions. Les téléphones des équipes des personnalités invitées chauffent. Marine le Pen et moi-même avons d'ailleurs échangé par téléphone dans le but de nous entraîder à nous connecter en temps et en heure.

Cependant, nos discussions ne dépassèrent pas vraiment le cadre de cette « hotline technique ». De même, du fait d'un mauvais numéro de connexion transmis par les services du Premier ministre, je me suis retrouvé à mon corps défendant, l'espace de quelques secondes, connecté en plein milieu d'une réunion interministérielle qui devait se dérouler au même moment... réunion que j'ai évidemment quittée après m'être rendu compte de mes méfaits. Bien qu'anecdotiques et drôles à vivre, ces moments montrent la précipitation et le défaut d'organisation qui règnaient au sommet de l'État.

Ensuite, je ne fus plus convié. Les règles avaient subitement changé. Il fallait désormais pouvoir arguer d'un minimum de cinq parlementaires pour obtenir son laisser-passer... Curieux.

En réalité, un article du journal *L'Opinion* révélera le pot-aux-roses : prétendument « exaspéré » par mes questions pendant ces réunions, le Premier ministre et son ministre de la Santé ont trouvé une astuce pour se débarrasser de ma présence. On est démocrate quand ça nous arrange...

Lors des quatre réunions auxquelles j'ai assisté, ce fut en tout cas un déluge de mensonges, d'approximations, de mots taillés dans la langue de bois, d'énormités. Les Français qui me lisent ne seront pas surpris : chaque jour à la télévision, ils eurent le même sentiment pour beaucoup d'entre eux en écoutant le sinistre Directeur général de la Santé Jérôme Salomon à heure fixe chaque soir, ou l'inénarrable porte-parole Sibeth Ndiaye, ou encore le ministre de la Santé, quand ce n'était pas le président de la République lui-même, lors de ses interminables monologues sur toutes les chaînes tous les quinze jours environ à partir du mois de mars 2020...

Je me souviens précisément du ton volontairement rassurant, presque enjoué, qu'employait Olivier Véran lors de notre première réunion le 27 février lorsque nous le questionnions sur l'état de nos stocks stratégiques de masques. « Les stocks sont là ! », « Tout est prêt ! » balayait-il d'un revers de la main. Il faut dire qu'il fut au ministère de la Santé à bonne école, puisque sa prédécesseur Madame Buzyn s'était rendue célèbre par sa capacité à nulle autre pareil à jouer merveilleusement bien l'air de la Marquise : « Le système de santé est robuste. Tout est préparé », lançait-elle le 12 mars sur France Inter. Tout va très bien Madame la Marquise, tout va très bien...

Nous apprendrons peu de temps après que tout cela n'était que mensonges : dotée d'une réserve stratégique de plus d'un milliard de masques au début des années 2010, la France a progressivement baissé la garde, jusqu'à descendre à une centaine de millions seulement dix ans plus tard. La presse révélera même au mois de mai 2020 que fin 2019, début 2020, alors que la pandémie démarrait déjà en Chine, la France continuait de brûler des masques, au prétexte qu'ils étaient périmés...

Le masque de toute façon n'était pas forcément utile, nous expliquait pendant ces réunions des chefs de partis le Premier ministre flanqué de son ministre de la Santé. « Le port du masque en population dans la rue, ça ne sert à rien », déclarera d'ailleurs Édouard Philippe sur TF1 le 13 mars 2020, précédant de quelques jours la mémorable saillie de la si maligne Sibeth Ndiaye : « Vous savez quoi, je ne sais pas utiliser un masque » (20 mars 2020, BFM TV).
Magnifiques pirouettes pour tenter de cacher aux Français une effroyable pénurie. Le masque inutile en pleine épidémie, mais extrêmement utile, indispensable, obligatoire même au moment où l'épidémie est passée, après le mois de juin 2020 : ne serait-ce pas les deux faces d'un même immense mensonge ? Deux façons de dire aux Français qu'on se

moque d'eux, qu'on insulte sans vergogne leur intelligence et leur sens critique ?

Ces réunions étaient tellement extravagantes qu'il fallait bien trouver quelqu'un avec qui partager son indignation. Le texto est un magnifique instrument pour cela, instantané, discret, et j'avoue en avoir échangé quelques uns avec Nicolas Dupont-Aignan et Marine Le Pen pendant les tours de table... Il était d'ailleurs intéressant de constater que l'essentiel de l'opposition se contentait de poser des questions parfaitement anodines aux ministres, de peur probablement de les froisser, et sûrement dans le secret espoir de pouvoir se placer à l'occasion d'un futur remaniement. Il ne faut jamais insulter l'avenir.

Lorsque je posais la question des frontières, et mon incompréhension devant le fait que nous étions quasiment le seul pays à refuser de les fermer, sûrement par soumission à l'idéologie européiste, c'est le mensonge par omission qui triomphait. Jamais en effet je n'obtins de réponse sur ce sujet, malgré mes différentes relances et l'insistance de quelques autres participants. Médiapart l'a révélé depuis : le 1er février, un seul pays des ving-six de l'espace Schengen refusa de restreindre ses visas avec la Chine, alors pourtant foyer principal de l'épidémie : la France.
Au moment où nos voisins en Europe fermaient les uns après les autres leurs frontières avec la France, y compris l'Allemagne, qui le fit brutalement et sans aucune concertation, faisant voler en éclats l'image

trompeuse du « couple franco-allemand » entretenue dans notre pays depuis des décennies... Alors que le bon sens commandait de le faire : pourquoi imposer aux Français des frontières à proximité de chez eux (c'est bien le sens d'un confinement, puis de l'obligation de ne pas se déplacer à plus de 100 km de chez soi), pourquoi leur imposer ensuite des frontières corporelles (distanciation sociale, gestes barrières et port du masque) si dans le même temps on laisse sans contrôle entrer en France des populations potentiellement infectées ? À aucun moment pendant la crise le gouvernement français ne changera d'attitude, à aucun moment nos frontières ne seront fermées, ce qui démontre le poids de l'idéologie européiste dans la prise de décision dans notre pays...

Mensonge aussi sur les tests, que nous mettrons des mois à pouvoir faire en France dans des conditions à peu près correctes alors que tout était soi-disant prêt là aussi dès la fin février, foi de Véran ! Il faudra attendre le 6 avril, 19 jours après le début du confinement, pour qu'un décret et un arrêté autorisent enfin les laboratoires départementaux d'analyse (LDA) à participer officiellement aux tests de dépistage. Tout se mettra en place laborieusement et lentement.
Il n'y a qu'un seul endroit en France où on s'est mis à tester tôt et massivement : à Marseille, dès la fin du mois de janvier 2020, plus précisément au sein de l'IHU du professeur Didier Raoult. À un moment, son institut représentera même le tiers de l'ensemble des tests réalisés en France. Mais jamais l'exemple de

Raoult, vilain promoteur de l'hydroxychloroquine, ayant été très vite classé dans « le camp du Mal » pour cette raison, et parce qu'il est un homme libre, jamais son exemple ne sera mis en avant ni même reconnu par les autorités. Et pourtant, le gouvernement ne peut pas dire qu'il n'avait pas été prévenu. Plusieurs rapports s'entassaient depuis des années dans les bureaux des ministères sur la préparation de la France aux crises. La presse rappellera en mai 2020 que je fus co-rédacteur de l'un d'entre eux, en 2010, aux côtés du sénateur Girod et de l'inspecteur général de l'administration Philippe Sauzey, alors que j'étais inspecteur de l'administration. Si seulement on nous avait lus...

Mensonge sur les essais cliniques aussi : *Discovery*, Angers, Montpellier, et tant d'autres, annoncés à grands coups de clairon au début du printemps avant de tomber dans l'oubli. Nous y reviendrons.

Mensonge sur les traitements, et diabolisation de toute idée même de traitement. En tout cas quand il n'est pas le fruit d'un laboratoire qui compte le vendre très cher. Nous y reviendrons également.

Mensonge sur les morts dans les EHPAD, comptabilisés uniquement à partir du début du mois d'avril 2020, et encore, sous pression populaire.

Il est difficile, presque impossible, d'énumérer l'ensemble des mensonges qui ont émaillé cette gestion de crise. Nous ne sommes d'ailleurs pas au bout de nos peines, tant il apparaît que le mensonge, et sa version plus subtile, l'enfumage, sont désormais utilisés pour maximiser les peurs autour d'un virus devenu meilleur allié du pouvoir et de l'oligarchie.

Cette manière de gouverner révèle en tous les cas le sentiment d'impunité total dont jouissent ceux qui dirigent le pays. Et ils n'ont pas vraiment tort de le penser.
Les contre-pouvoirs jouent très imparfaitement leur rôle en France, de plus en plus mal.
La Justice parait souvent de mèche (l'ancienne présidente du PNF Madame Houlette fera des révélations en juin 2020 sur les pressions reçues au moment de l'affaire Fillon qui sont de ce point de vue accablantes), les grands médias sont souvent les meilleurs porte-parole du pouvoir et le Parlement fait davantage rire qu'autre chose. Qui se souvient encore que des commissions d'enquête parlementaires sur la gestion de la crise du Covid-19 ont été lancées ?...

Le peuple français est méprisé, infantilisé. Et donc facilement manipulé, dans le but d'être progressivement dressé pour obéir, littéralement domestiqué comme on domestique une bête pour la rendre docile et obéissante.

L'urgence d'introduire dans notre pays le référendum d'initiative citoyenne, et plus largement les instruments de la démocratie directe, répond aussi à cette exigence :

rappeler au peuple de France qu'il est respecté quand il est debout, qu'il est le maître chez lui.

Chapitre 4
EHPAD : l'hécatombe

Ce qui s'est joué dans les EHPAD durant la première vague de coronavirus est l'un des scandales les plus flagrants que nous ayons eu à connaître, et que chacun d'entre nous peut ressentir dans sa chair, tant le lien qui nous unit à nos aînés est à la fois puissant et nécessaire.

Tout d'abord, la mesure de confinement généralisé, décrétée à la hâte par le Gouvernement, a eu un effet dévastateur sur le moral de nos anciens. Faute d'anticipation et de protections suffisantes, il a ainsi été décidé que les visites en EHPAD étaient suspendues jusqu'à nouvel ordre. Imaginez l'impact que cela a pu avoir sur nos parents, nos grands-parents, ou nos arrière-grands-parents qui d'un coup d'un seul n'ont plus pu voir leurs proches, qui sont pour beaucoup une lueur de vie dans un environnement empli de solitude. Plus encore que pour la population active, les séquelles de cet isolement de quelques semaines seront tenaces et, comme nous ont alertés de nombreuses personnalités du monde politique ou médical, il est à craindre que le nombre de décès des personnes âgées du fait de la solitude ou de l'ennui soit à tout le moins aussi important que ceux causés par l'épidémie de Covid-19.

Outre les effets délétères que le confinement a eu sur nos aînés, les EHPAD ont souffert tout autant, sinon plus, du manque de moyens. Les personnels, livrés à eux-mêmes, ne disposaient que d'un stock réduit de charlottes, de gants et de masques, qu'il ont parfois dû garder toute une journée faute de mieux. Pire encore, des articles de presse se sont faits l'écho de deux infirmiers en EHPAD à Toulouse qui, au plus fort de la crise sanitaire, ont été licenciés car ils avaient eu la désobligeance de demander avec un peu trop d'insistance des masques au sein de leur établissement !

Cette situation s'explique notamment par le fait que l'État, prenant conscience trop tard que son stock stratégique s'était érodé au fil des années, a décidé par un décret du 4 puis du 13 mars 2020 de réquisitionner tous les stocks de masques chirurgicaux ou FFP2 détenus par des personnes morales privées ou publiques, et ce dans l'objectif de les fournir prioritairement aux professionnels de santé.

Initiative louable, me direz-vous ?

Seulement voilà, qui veut faire l'ange fait la bête. Cette réorganisation à la va-vite de la doctrine a engendré un arrêt brutal des livraisons (parfois durant plus de dix jours) de masques que les EHPAD avaient parfois commandés en amont, au tout début de la crise sanitaire, avant même l'État ou les collectivités locales. Conformément aux recommandations en vigueur à l'époque, les masques chirurgicaux ou FFP2 étaient fournis aux professionnels de santé et aux résidents des EPHAD uniquement en cas de contamination avérée ou fortement soupçonnée, rendant inévitable une transmission massive du virus entre des personnes âgées souvent déjà affaiblies.

Alors que les tests auraient dû être évidemment mis en place dès le début de la crise pour faciliter l'isolement des personnes contaminées, ceux-ci n'ont pu être réalisés en EHPAD durant le mois de mars, contribuant à brouiller le nombre précis de décès dans les établissements de santé, puisque nous en sommes arrivés au point que certains de nos aïeux n'étaient dépistés que *post mortem* !

Merci pour eux...

Ces éléments constituent déjà en soi une faute lourde de gestion, imputable à nos gouvernants qui n'ont pas su préparer correctement nos établissements de santé. Mais c'est oublier le véritable scandale des EHPAD : l'abandon pur et simple de l'idée même de prodiguer de véritables soins aux personnes contaminées.

Les Commissions d'enquête parlementaire, dont il ne faut pas attendre grand-chose, ont toutefois eu le mérite de permettre à certains personnels de santé, qui ont pu constater de leurs propres yeux l'incurie qui régnait dans leurs établissements, de s'exprimer devant la représentation nationale.

Qu'il me soit permis de citer le témoignage édifiant de Clotilde Cornière, syndicaliste CFDT, devant les parlementaires en cet été 2020 : « Ce sont des collègues qui nous disaient : "On ne peut pas envoyer les personnes âgées en réanimation, en service de médecine dans l'hôpital, c'est refusé, on doit se débrouiller, ils sont en train de mourir, on ne sait pas quoi faire, on les regarde mourir"» ou encore « Quand vous êtes dans un EHPAD et que vous appelez en disant : "J'ai dix, douze ou treize personnes en détresse respiratoire, comment je fais ?" et qu'on vous dit "Débrouillez-vous, on ne peut pas venir les chercher, elles ne peuvent pas descendre à l'hôpital", le professionnel comprend ce que ça veut dire… Il va faire ce qu'il faut pour soulager. »
Des propos corroborés par le docteur Odile Reynaud-Lévy, qui indique que certains hôpitaux ont refusé l'accès aux urgences de résidents d'EHPAD dont il avait pourtant été convenu qu'ils soient transférés, faute de places suffisantes. C'est un véritable tri qui a été effectué, au détriment de nos aînés, pour beaucoup desquels il a été considéré que la balance bénéfices/ risques leur était tellement défavorable que ce n'était même pas la peine d'essayer.

C'est ce même constat qu'a dressé Olivia Mokiejewski, à la tête du Collectif 9471, qui a récemment porté plainte pour « mise en danger de la vie d'autrui », « non-assistance à personne en danger » et « homicide involontaire », du fait du refus par le 15 de venir chercher sa grand-mère résidente en EHPAD, atteinte du Covid-19. Elle voit à juste titre s'être dessinée sous ses yeux une discrimination arbitraire, un « âgisme » ayant empêché les plus âgés, parfois bien portants, d'accéder aux urgences. Michel Parigot, président de l'association Coronavictimes, abonde dans le même sens : « Vous avez aujourd'hui des personnes avec une espérance de vie longue, qui avaient des chances de s'en tirer, et qui ne seront pas soignées faute de moyens. Il y a aussi des personnes laissées à domicile, des personnes qui vont mourir à domicile et ne sont même pas comptées dans les statistiques. »

Les bien-pensants ont alors couru sur les plateaux pour nous expliquer qu'il existait bel et bien quelques tensions localisées, mais qu'elles n'étaient pas d'une ampleur nationale. Après plusieurs mois et une foultitude de témoignages, l'on se rend bien compte que, loin d'être un cas isolé, ce phénomène de refoulement des plus âgés était un véritable système mis en place et avalisé par le gouvernement.

Du fait d'un manque de tests en nombre suffisants, de places dans les services hospitaliers pour nos aînés, et sans qu'il soit permis d'envisager le traitement hydroxycloroquine + azithromycine sous surveillance médicale, un décret du 28 mars 2020 a élargi l'injection de Ritrovil, un puissant antileptique, « en vue de la prise en charge des patients atteints ou susceptibles d'être atteints par le virus SARS-CoV-2 dont l'état clinique le justifie » (tels sont les mots du décret).

Ainsi, la délivrance de ce médicament permettant une sédation continue et profonde a été de fait autorisée à celles et ceux refoulés des hôpitaux. Ce choix de ne pas avoir tout tenté pour sauver nos proches, après n'avoir rien fait pour empêcher leur contamination, telles sont les erreurs gravissimes, proches de la non-assistance à personne en danger, dont devront rendre des comptes les politiques responsables de ce désastre sanitaire.

Il faut dire clairement les choses : l'idée selon laquelle chacun a une valeur marchande, une utilité sociale, a été mise en œuvre par ce tri des patients. La destruction de l'hôpital public ouvre la voie à un accès aux soins plus difficile pour les plus modestes, ceux dont on ne considère pas qu'il est nécessaire de les sauver, « les gens qui ne sont rien », selon la célèbre formule macroniste. Telle est l'idéologie effrayante qui anime consciemment ou non les politiques de droite comme de gauche depuis des décennies, et qui a rendu possible ce scandale.

Chapitre 5

Pleins feux sur Raoult et l'hydroxychloroquine !

Aujourd'hui il n'est même plus question de parler de traitement face au Covid-19. Allez directement du « Masque » à la case « Vaccin », ne passez pas par la case « Traitement » est-on prié de comprendre.

Bien sûr, il faut souligner les progrès époustouflants réalisés au fil des semaines par les équipes de réanimateurs, qui ont progressivement compris la maladie, ses caractéristiques et le fait notamment qu'elle était bien plus vasculaire que respiratoire, ce qui n'entraîne pas le même type de réponse.

Mais avant la réanimation, qui ne concerne Dieu merci qu'une toute petite minorité des malades, il y a éventuellement l'hospitalisation, et surtout en amont les premiers jours de la maladie, ceux pendant lesquels on a donné le sentiment aux Français qu'ils jouaient aux dés : « Restez chez vous, prenez du Doliprane, et si vous n'arrivez plus à respirer, appelez le SAMU, on vous emmènera à l'hôpital... » *Alea jacta est...*

Or ces premiers jours de la maladie sont absolument cruciaux. Et très vite, une figure médicale de grand renom émergera en France pour nous expliquer qu'il y a une autre stratégie possible que celle du *Doliprane* : il y a un traitement. Cette figure c'est bien sûr le professeur Didier Raoult, 68 ans, spécialiste mondialement reconnu des maladies infectieuses. Son Institut, l'IHU de Marseille, est celui qui, seul en France, a compris la nécessité d'organiser très tôt des tests de dépistage massifs. Les Français ont en mémoire les fils d'attente interminables qui serpentaient devant l'imposant bâtiment de l'IHU à Marseille, remplies de gens inquiets qui voulaient se faire dépister, au moment où ailleurs en France c'était pénurie de tests, pénurie de cotons tiges pour réaliser les tests, pénurie de tout.

Malgré cette clairvoyance, malgré son expérience et ses faits d'armes en quarante ans de carrière, malgré ses nombreuses publications dans les revues scientifiques les plus prestigieuses, le professeur Raoult restera la figure la plus attaquée de toute cette crise sanitaire.

Son tort ? Avoir dit très tôt qu'il existait un traitement contre le Covid-19, plus exactement un protocole à prendre en début de maladie lorsque les symptômes sont faibles ou modérés, pour éviter l'hospitalisation : un anti-viral, l'hydroxychloroquine, couplée à un anti-biotique, l'azithromycine. Deux médicaments anciens, bien connus, consommés des milliards de fois depuis des décennies partout dans le monde. L'hydroxychloroquine (Plaquenil sous son nom commercial) est réputé depuis longtemps comme un antipaludéen efficace, mais aussi efficace contre le lupus et la polyarthrite rhumatoïde. L'hydroxychloroquine est tellement banale que depuis des décennies, et jusqu'au 15 janvier 2020, vous pouviez l'acheter librement, sans ordonnance, en France. C'est Agnès Buzyn qui modifiera cet état de fait, par un arrêté pris le 12 janvier, sans aucun rapport avec l'épidémie de coronavirus nous a-t-elle dit depuis.

Comme l'écrit le professeur Christian Perronne dans son livre précédemment cité, « la chloroquine, qui dit que c'est efficace, à part la moitié de la planète ? »

Dès qu'il proposera ce médicament, parce qu'il aura constaté par lui-même son efficacité auprès des malades marseillais, Didier Raoult sera crucifié par les responsables gouvernementaux et les grands médias. Et peu importe s'il affiche dans son institut des taux de mortalité très inférieurs à la moyenne nationale, sur des milliers de patients.
Peu importe si ce n'est d'ailleurs pas lui qui a eu l'idée de l'hydroxychloroquine, mais les Chinois, premiers touchés par la maladie, et s'il eut pour sa part l'intuition, confirmée par les résultats observés, d'y adjoindre un antibiotique.
Peu importe si des pays comme le Maroc, le Sénégal, l'Inde, où elle est même recommandée à titre préventif depuis la fin du mois de mars, l'utilisent largement et

semblent obtenir des résultats très supérieurs aux nôtres en terme de mortalité par habitant.
Peu importe si le 30 juillet 2020 le *British Medical Journal* publiait une méta-analyse sur les traitements testés dans les études randomisées qui montre que parmi les anti-viraux, c'est bien l'hydroxychloroquine qui présente le plus grand bénéfice pour les patients : 4 jours et demi de symptômes en moins.

Non, l'hydroxychloroquine, voilà l'ennemie ! Ainsi il en avait été décidé, et tout était bon pour la dézinguer, quitte à utiliser les méthodes les plus scandaleuses, ou les plus grotesques.

Un jour, le 24 mars 2020, on trouva à la Une de tous les médias du monde occidental ce titre de presse : « Un Américain meurt après avoir ingéré un nettoyant pour aquarium à base de chloroquine. » Peu importe là encore si ce « nettoyant à base de chloroquine » n'avait rien à voir avec l'hydroxychloroquine, et si l'aquariophile en question était surtout mort de son propre abrutissement, le mal était fait, sciemment : « la chloroquine tue. »

Puisqu'il ne fallait pas, surtout pas, obtenir de résultats positifs sur le protocole Raoult, on prit bien garde à ce que les essais cliniques ne testent jamais ce produit, en tout cas jamais dans les conditions préconisées par Raoult : selon des doses bien définies, et en début de maladie au moment où les symptômes apparaissent.

Dans les essais, point d'hydroxychloroquine (HCQ), ou une prescription sur des moribonds hospitalisés. Dans ces conditions, bien sûr on obtint ce qu'on souhaitait obtenir, c'est à dire aucun résultat probant pour l'hydroxychloroquine. L'essai britannique Recovery ira même encore plus loin en incorporant une dose de 2 400 mg par jour, soit plus de trois fois la dose maximale autorisée par l'autorisation de mise sur le marché, et même quatre fois la dose recommandée par le professeur Raoult (600 mg par jour). Là aussi, le résultat ne pouvait qu'être négatif...

Puis vint la politisation du médicament. Puisqu'elle était recommandée par Trump et Bolsonaro, l'hydroxychloroquine devint subitement une molécule facho ! Antifa, anti-HCQ même combat ! Défendre l'hydroxychloroquine, c'était tomber du mauvais côté de l'Histoire, choisir le camp du Mal face au Bien.
Le Bien incarné notamment par le laboratoire Gilead et son Remdesivir, nous y reviendrons.

Le point d'orgue de cette gigantesque orchestration anti-hydroxychloroquine fut la publication le 22 mai 2020 par la prestigieuse revue médicale *The Lancet* d'une étude frauduleuse censée démontrer l'inefficacité, et même la nocivité, de l'hydroxychloroquine. Coup de grâce pour le protocole Raoult : celui-ci « augmente le risque de décès par arythmie cardiaque » selon cette étude fondée sur l'analyse des données collectées par ses quatre auteurs sur les six continents auprès de 600 hôpitaux concernant plus de 96 000 malades. Imparable !

Sauf ... sauf que tout était inventé. La société chargée de collecter les données aboutissait à une mystérieuse boîte postale aux États-Unis, ne semblait n'avoir jamais eu de vraie activité, et renvoyait au profil d'une bimbo plus adepte des studios de films pornos que des couloirs blancs des hôpitaux...
Quelques jours plus tard, le 4 juin, le *Lancet* devra piteusement retirer son étude. Un incroyable camouflet pour la science mondiale. Une première, à cette échelle.

Pourtant, c'est explicitement sur le fondement de cette étude que l'OMS décida d'arrêter tous ses essais à base d'hydroxychloroquine, avant de les reprendre puis de les stopper à nouveau.
C'est aussi quelques heures seulement après sa publication que le ministre français de la Santé, Olivier Véran, tweeta qu'il saisissait immédiatement le HCSP (Haut Conseil à la Santé Publique) pour que celui-ci lui fasse de nouvelles recommandations sur les règles de prescription de l'hydroxychloroquine. Ce qui fut fait quelques jours plus tard et entraîna l'interdiction d'utiliser la molécule contre le Covid-19, jusqu'à un léger assouplissement le 11 juillet, décidé en catimini bien après le scandale *Lancet*, le temps de laisser passer la vague.

D'ailleurs, quelles sont les suites pénales à cette publication frauduleuse ? Y a-t-il enquête ? Plaintes ? Où en est-on ? Sait-on comment une telle publication a pu être financée, par qui, et comment elle a pu franchir le filtre du *Lancet* ?
Sur ce sujet c'est silence radio depuis des mois. Ce qui est parfaitement stupéfiant quand on sait l'ampleur de l'escroquerie et sa gravité potentielle.

Principal porteur du message pro-chloroquine, le professeur Raoult fut autant diabolisé que sa molécule.
On l'accusa d'avoir trouvé « la molécule miracle », « la potion magique », accusation qui permet à bon compte de pointer du doigt un « charlatan ».
Accusation mensongère : quand on écoute Raoult, que ce soit dans les quelques interviews qu'il a données aux médias, ou sur ses vidéos quasi hebdomadaires sur la chaîne YouTube de l'IHU de Marseille, jamais il ne parle de médicament miracle. Son ton est toujours mesuré, son propos précis et argumenté.

Les médias l'ont d'abord qualifié de « controversé », puis de « très controversé ». Un portrait diffusé sur BFM TV le 30 avril 2020 juste avant une interview qu'il accordera à l'une des journalistes de la chaîne info, Apolline de Malherbe, sera intégralement à charge, et reprendra tous les traits de caractère qu'on tenta de lui coller sur le dos pendant des semaines : autoritaire, fantasque, un peu dingue. On fit même témoigner, visage dans l'ombre et voix transformée, une ancienne étudiante du professeur, encore sous le choc... d'on ne sait pas très bien quoi. Bref, toutes les techniques classiques de la propagande étaient là.

Pourtant, Raoult battra tous les indices de popularité, dépassant de loin de ministre de la Santé lui-même. Signe que les peuples savent d'instinct reconnaître l'arnaque et les constructions artificielles face au Vrai et au Juste.

Les victimes collatérales de cette folie anti-chloroquine furent les médecins libéraux, complètement mis de côté pendant cette crise du coronavirus. Pourtant piliers de notre système de soins, ils furent non seulement négligés, mais de sucroît empêchés comme jamais d'exercer leur métier en traitant leurs patients en leur âme et conscience. En effet, dès les 26 et 27 mars, le ministre de la Santé Véran fera prendre deux décrets qui n'autoriseront la prescription de l'hydroxychloroquine contre le Covid-19 qu'à l'hôpital, et uniquement contre les formes graves de la maladie. Soit exactement l'inverse des préconisations du professeur Raoult...

Un collectif de médecins libéraux se créera rapidement, non seulement pour revendiquer le droit de soigner, conformément à leur serment d'Hippocrate, mais aussi pour alerter l'opinion publique et attaquer en justice ces décrets. Inlassablement. On doit souligner le travail remarquable de ce collectif « Laissons-les prescrire », même si malheureusement il n'a pas réussi à desserrer l'étau autour des médecins libéraux, marginalisés, entravés et tenus à l'écart comme jamais dans une crise sanitaire.

Ce point doit retenir notre attention car il correspond à une véritable prise en otage de la Santé publique par quelques grands pontes de l'Hôpital public, et surtout par l'industrie pharmaceutique qui entretient des relations très priviégiées avec bon nombre de ces mandarins...
La médecine de ville doit être au plus vite réhabilitée : c'est elle qui connaît le mieux les malades, c'est sur elle en premier que devrait reposer l'effort de « guerre » pour reprendre l'expression utilisée par le président de la République quand survient une épidémie. Faire confiance aux médecins libéraux, c'était aussi reconnaître leur expertise : en France on ne devient pas médecin par hasard, mais après dix ans d'études supérieures environ. Se passer de ce savoir et de ce savoir-faire relève d'une faute majeure contre le bon sens.

Pourquoi cette guérilla sans relâche contre l'hydroxychloroquine, seule ou associée à l'azithromycine ? Guérilla de plus en plus intense au point qu'aujourd'hui des médecins voient leur compte suspendu sur les réseaux sociaux Twitter et Facebook s'ils défendent ce médicament. Médicament, rappelons-le, connu depuis des décennies, absorbé chaque année par des centaines de millions de personnes sur Terre, et en vente libre en France il y a moins d'un an encore.

La principale raison, qui saute aux yeux, est le coût de ce médicament : quelques euros seulement ! Et pour cause, il est dans le domaine public, et génériqué, depuis bien longtemps. Pas assez cher, mon fils...
Le professeur Raoult a brillamment développé cet aspect du problème : l'industrie pharmaceutique et ses obligés se méfient comme de la peste des anciennes molécules et d'une école qui consiste à « réaffecter les anciennes molécules », c'est-à-dire ne pas forcément chercher une nouvelle molécule, nécessairement très coûteuse, quand émerge une nouvelle maladie, mais chercher d'abord à voir s'il n'est pas possible d'utiliser efficacement un médicament déjà en stock, déjà bien connu dans sa posologie et ses effets secondaires. Ce qui est le cas de la chloroquine.

Pendant qu'on faisait la chasse aux sorcières raoultiennes, on habituait les gens à penser que face au Covid-19 pas de traitement ! Masque et hypothétique vaccin pour tous. Et puis si vraiment vous insistez, il y a le Remdesivir, du laboratoire Gilead, autorisé dès début juillet 2020 sur le territoire de l'Union européenne par la Commission de Bruxelles après avis de l'Agence européenne du Médicament, alors même qu'aucune étude n'a démontré une quelconque utilité du Remdesivir, et que, pire, des premiers essais en France à l'hôpital Bichat ont dû être stoppés car une proportion importante des malades traités par le médicament de Gilead avaient développé des effets secondaires importants, une insuffisance rénale notamment.

Mais rien dans les médias sur ce sujet, aucune alerte de l'OMS. Au contraire, le Remdesivir fut le premier médicament autorisé par les instances de l'Union européenne contre le coronavirus...

Chapitre 6

Bienvenue dans le monde des conflits d'intérêts

Il nous faut plonger dans le cloaque des liens et conflits d'intérêt pour comprendre combien la médecine ne se résume pas aujourd'hui à un la figure du médecin animé des meilleures intentions du monde face à un malade, et la recherche désintéressée du meilleur traitement possible pour ce malade...

Nous devons regarder les choses en face, nous bénéficions sur le sujet d'une littérature abondante, sans oublier bien sûr que de nombreux médecins, et même parmi les plus éminents, sont d'excellents professionnels, indépendants et honnêtes. Il serait idiot de les mettre tous dans le même sac, comme il serait idiot de se cacher les yeux devant l'évident problème que posent les liens parfois très étroits entre certains spécialistes et l'industrie pharmaceutique.

Ainsi que l'a révélé *le Canard enchaîné*, le coup de fil passé à Didier Raoult au mois d'avril dernier pour le menacer s'il s'échinait à défendre l'hydroxychloroquine serait parti du téléphone portable du service d'infectiologie que dirige un spécialiste rémunéré à hauteur de 541 729 euros par an de l'industrie pharmaceutique, dont près de 53 000 du laboratoire américain déjà mentionné, Gilead.

Au sein du Conseil scientifique nommé le 11 mars dernier afin d'éclairer les autorités sur la gestion de la crise du coronavirus, la quasi totalité des membres ont des liens d'intérêt avec l'industrie pharmaceutique. Tous ? Non, sauf un. Celui qui en démissionnera dès le 24 mars, un certain professeur Raoult...

Sur les dix membres de ce Conseil, huit sont liés au consortium de chercheurs qui supervise l'essai clinique *Discovery* : REACTing. Le président de ce consortium est un membre du Conseil scientifique, Yazdan Yazdanpanah. Il faut noter que la création de REACTing remonte à juin 2013, à l'initiative alors d'Yves Lévy, qui dirigeait l'INSERM, et de Jean-François Delfraissy, qu'on retrouvera quelques années plus tard à la tête du Conseil scientifique. Notons au passage, pour fermer la boucle, qu'Yves Lévy est le mari d'Agnès Buzyn, qui sera elle-même ministre de la Santé jusqu'à ce que les frasques diffusées sur Internet de Benjamin Griveaux l'amènent à le remplacer au pied levé comme candidat tête de liste d'En Marche à la mairie de Paris.

Pour en revenir à REACTing, il apparaît qu'au sein du Conseil scientifique, seuls Pierre-Louis Druais et

Simon Cauchemez n'ont pas de liens directs avec le consortium.

C'est en consultant la base de données Transparence Santé que nous comprenons les liens d'intérêts de Yazdan Yazdanpanah avec les laboratoires dont les médicaments sont testés dans l'essai *Discovery* : AbbVie, qui fabrique le Kaletra, lui a versé près de 21 000 euros en avantages et Gilead, producteur du déjà mentionné Remdésivir, s'est acquitté à ce titre de 3 158 euros. En outre, Yazdan Yazdanpanah a siégé au *board* de Gilead de septembre 2014 à juin 2016.

Le Conseil scientifique affichait donc un double lien problématique : d'un côté avec l'essai clinique *Discovery*, dont les résultats ont sans cesse été repoussés, pour finalement disparaître dans les limbes de la crise du Covid sans que jamais personne ne pense à demander des comptes aux médecins et aux politiques, Emmanuel Macron en tête, qui en ont fait la publicité pendant des semaines en début d'épidémie (la dernière fois que le président de la République l'a mentionné, il promettait des résultats pour « le 14 mai 2020 »). Au moment où nous écrivons ces lignes, en août 2020, aucun résultat n'a jamais été publié, et aucun ne le sera probablement jamais.

L'autre lien problématique entretenu par l'instance en charge de conseiller l'exécutif sur le Covid-19 est avec le laboratoire Gilead, décidément très présent dans cette crise. D'ailleurs, devant la commission d'enquête sur la gestion de l'épidémie de l'Assemblée nationale le 24 juin, Didier Raoult auditionné avait lancé à haute voix : « Faites une enquête sur Gilead ! » Ce conseil a-t-il été entendu, suivi d'effet ? En aucune manière. Au contraire, c'est Raoult qu'on chercha ensuite à discréditer, via des attaques coordonnées contre lui quelques jours plus tard venant de Martin Hirsch qui dirige l'AP-HP et du Conseil scientifique qui écrivit, très fâché, une lettre courroucée à l'Assemblée nationale.

La persécution est allée crescendo puisque nous avons appris qu'en juillet 2020, la Société de pathologie infectieuse de langue française a déposé plainte contre Didier Raoult auprès du Conseil départemental de l'Ordre des Bouches-du-Rhône. Vous connaissez la chanson : « le premier qui dit la vérité ... Il doit être exécuté. »

Question subsidiaire d'ailleurs : pourquoi le Conseil scientifique n'a-t-il pas encore été dissous ? A-t-il vocation à devenir une sorte de gouvernement français parallèle, ayant chaque jour dans les médias son mot à dire sur nos choix collectifs de politique publique, ses recommandations à adresser, ses avis à donner, ses consignes à faire passer ? Au nom de quelle urgence ? Et fondée sur quelle légitimité ? Il me semble que le Conseil scientifique a vécu, et qu'est plus que venu le temps de sa dissolution.

Pourtant, il y a bien un sujet Gilead, qui dépasse d'ailleurs largement le Conseil scientifique et l'essai fantomatique *Discovery*. Ainsi Karine Lacombe, pourtant pas membre du Conseil scientifique, est omniprésente dans cette crise, depuis le départ. Le 28 mars elle anime même une conférence de presse avec le Premier ministre et le ministre de la Santé, rien que ça ! Or ses déclarations d'intérêts montrent des liens étroits avec, notamment, Gilead, et AbbVie, encore eux. Grande pourfendeuse de l'hydroxychloroquine et du professeur Raoult, allant même jusqu'à se dire « horrifiée » par les images de patients faisant la queue devant l'IHU de Marseille dans l'espoir d'être dépistés et, le cas échéant, traités, Karine Lacombe a touché plus de 210 000 euros de l'industrie pharmaceutique.

Une enquête publiée le 2 juillet par *Sciences et Vie* évoquait ainsi « une surreprésentation de Gilead chez les infectiologues français. » Chez les 114 membres du CMIT (collège des universitaires des maladies infectieuses et tropicales), 97 ont perçu des sommes de Gilead depuis 2012. Encore une fois, cela ne signifie pas 97 cas de corruption, loin de là. Mais cela ne signifie pas non plus qu'il ne peut pas y avoir un vrai problème, à regarder en face et à résoudre.

Raoult avait suggéré d'enquêter, mais tout le monde a préféré détourner le regard.

Si c'est le cas, c'est d'abord parce que le problème est systémique, et qu'il n'est pas uniquement le fait de quelques individualités.

Au sommet de la pyramide des politiques de Santé publique en effet, se trouve l'OMS, la prestigieuse Organisation Mondiale de la Santé, créée dans le sillage de l'ONU après guerre.

La France doit-elle rester membre de l'OMS ? Dans les conditions actuelles, et tant que de très importantes réformes n'auront pas été faites, je suis d'avis que non. Autant je suis évidemment favorable à une large coordination internationale et un partage universel des savoirs en matière de science et de médecine en particulier, autant je suis effaré par ce qu'est devenue l'OMS.

Ni plus ni moins que la courroie de transmission des grands laboratoires. Sur un budget annuel supérieur à 5 milliards d'euros, les États ne représentent plus que 20 % des contributions financières, contre 80 % de contributions dites volontaires, essentiellement des grandes entreprises pharmaceutiques et des fondations privées. Le premier contributeur non étatique est ainsi la fondation Bill et Melinda Gates, à hauteur de 211 millions d'euros pour l'année 2018. Je veux bien croire au récit médiatique de Bill Gates « le milliardaire philanthrope », mais l'enquête signée du journaliste Lionel Astruc en 2019 (*l'Art de la fausse générosité, la Fondation Bill et Melinda Gates*, éditions Actes Sud) a prouvé qu'il n'en était rien. Gates fait ici en réalité de juteuses affaires, gagne bien plus d'argent qu'il n'en met, investirait dans des activités « peu éthiques » selon Astruc. Le journaliste ajoute : « Bill Gates est obsédé par la technologie. Dans le domaine de l'agriculture, il est persuadé que les OGM vont sauver le monde. Là où cela pose problème, c'est qu'il cherche à imposer ses solutions. » Pour Astruc, « on est très loin de l'intérêt général », « Son objectif est de faire marcher un système économique dans lequel les multinationales sont reines. » Il est certain qu'après la crise économique titanesque provoquée par les confinements dans la plupart des pays du monde, les multinationales seront effectivement plus reines que jamais, dominant sans partage sur un monde en décombres d'où les petits, les indépendants en particulier, auront été nettoyés, largement éliminés par la crise...

Gates a inventé Microsoft, très bien, surtout pour lui. Mais en quoi est-il légitime pour s'occuper de notre santé et pour parler vaccin, son obsession première ?

Par son mode même de financement, l'OMS est soumise au risque énorme de conflits d'intérêts. Il faut un électrochoc pour révolutionner le système, l'assainir. Le départ volontaire de quelques grands pays, comme la France, pourrait être cet électrochoc.

Le mal est profond. Il tient à un système économique dominé par quelques très grosses firmes, qui à l'instar des autres transnationales, ont une obsession : améliorer sans cesse leur taux de rentabilité. Cependant on ne parle pas ici de voitures ou de sodas, mais de médicaments et de la santé des gens.

L'ONG *Transparency International* a ainsi publié il y a plusieurs années déjà un rapport qui pointait du doigt « les comportements illégaux et non éthiques, les organisations véritablement mafieuses et les cartels mis en place par les grandes firmes pharmaceutiques : la fraude, le gaspillage et la corruption se sont infiltrés dans notre système de santé (...). Médecins, dentistes, pharmaciens et assurés sont entraînés, et se laissent entraîner, dans cette dérive qui joue maintenant sur des dizaines et des dizaines de milliards pour le plus grand bénéfice de l'industrie pharmaceutique, sans que le contrôle de l'État s'exerce comme il le devrait, en grande partie à cause de la corruption. »

En 2016, selon des propos rapportés par l'agence de presse Reuters, l'ONG persévérait dans une nouvelle publication dénonçant la corruption dans ce secteur. « Il est choquant que malgré les scandales qui se succèdent autour des sociétés pharmaceutiques, les responsables politiques continuent à ne pas prendre sérieusement l'effet corrosif de la corruption », déclarait Sophie Peresson, responsable chez *Transparency* du secteur pharmacie-santé. « Les drapeaux rouges sont ignorés », ajoutait-elle alors.

Un rapport de 2016 de la Chambre des communes anglaise sur l'industrie pharmaceutique ne dira pas autre chose : « Les grandes firmes se sont de plus en plus focalisées sur le marketing, plus que sur la recherche, et elles exercent une influence invasive et persistante, non seulement sur la médecine et la recherche, mais sur les patients, les médias, les administrations, les agences de régulation et les politiques. (...) L'industrie pharmaceutique détermine non seulement ce qui est à rechercher, mais comment le rechercher et surtout comment les résultats en seront interprétés et publiés. Elle est maintenant hors de tout contrôle. Ses tentacules s'infiltrent à tous les niveaux. Il faut lui imposer de grands changements. »

Un rapport de l'Assemblée générale des Nations unies de 2008 a la même tonalité : « Les grandes firmes devraient assumer leur responsabilité à l'égard de la santé publique et pas seulement à l'égard de leurs actionnaires, et ce n'est pas aujourd'hui le cas, en particulier en ce qui concerne leur politique de recherche-développement, leur acceptation des politiques anti corruption et anti-lobbying et l'éthique des essais cliniques. »

À la lecture de ces lignes, n'avez-vous pas le sentiment de vivre ou revivre la crise du Covid-19 ? Nos étranges débats sur les essais cliniques ? Les promesses jamais tenues ? Les choix en apparence irrationnels ?
Ne pensez-vous pas détenir, peut-être, une clé de compréhension du choix brutal et apparemment

absurde de l'Union européenne de promouvoir le Remdesivir aux alentours de 2 000 euros la semaine de traitement, quand l'hydroxychloroquine, elle, est bannie ?

Aucun « complotisme » là-dedans : parler de complotisme c'est l'argument des faibles, qui veulent tétaniser le débat pour ne pas avoir à argumenter et à répondre. Juste la réalité, cynique, d'un monde ultra capitaliste qui n'est pas moins cynique.

Nous devons d'urgence nettoyer les écuries d'Augias. Cela passera par la chasse à la corruption, à tous les niveaux, l'interdiction du pantouflage des fonctionnaires, vers l'industrie pharmaceutique en particulier, l'obligation faite aux soignants d'énoncer leurs liens d'intérêt avant de répondre aux questions du journaliste dès qu'ils passent dans un média, et bien sûr une réflexion sur la mise en place d'une filière publique du médicament, qui passera par des nationalisations de certaines firmes s'il le faut.

Cela nécessitera du courage, car l'adversaire manie l'intimidation. J'en fais moi-même l'expérience : pour avoir simplement répété ce que la presse avait révélé pendant la campagne présidentielle de 2017 sur les liens entre le conseiller santé du candidat Macron, le laboratoire Servier, et une promesse de campagne de Macron justement favorable aux intérêts financiers de ce laboratoire, ledit conseiller, Jean-Jacques Mourad, s'acharne en justice contre moi depuis trois ans. Il espère me faire condamner en diffamation, ce qui exposerait *de facto* n'importe quel journaliste enquêtant sur ce sujet à la même condamnation, et rendrait impossible tout débat public sur cette question. Est-ce l'objectif recherché ?

C'est d'autant plus impressionnant qu'il n'y avait dans mes propos aucune diffamation, mais la reprise, mot pour mot, des informations données par la presse. D'ailleurs, le 7 mars 2017, le conseiller Mourad avait été contraint de démissionner de la campagne d'Emmanuel Macron, ce dernier ayant admis que « les acitvités parallèles de Jean-Jacques Mourad pouvaient donner l'apparence de conflit d'intérêts. (*Marianne*, 08 mars 2017).

Cette plainte de Mourad me rappelle celle du Qatar contre moi en 2015. Ce pays avait tenté de me museler, alors que j'avais publiquement dénoncé le fait qu'il avait participé au financement du fondamentalisme islamiste.

Chapitre 7

Paroles, paroles, paroles...

« Le jour d'après ne sera pas un retour au jour d'avant », affirmait Emmanuel Macron la veille du premier jour de confinement à la télévision devant des millions de Français, pour beaucoup désireux d'y croire. « Beaucoup de certitudes, de conviction, sont balayées, seront remises au cause » ajoutait alors le chef de l'État.

Bis repetita le 13 avril, une fois encore sur petit écran, Emmanuel Macron se faisant alors un peu plus précis sur les promesses du « jour d'après » : « Il nous faudra bâtir une stratégie où nous retrouverons un temps long, la possibilité de planifier, la sobriété carbone, la prévention, la résilience. »
« Sachons sortir des sentiers battus, des idéologies et sachons nous réinventer, moi le premier », ajoutait le président de la République, dans une formule d'ores et déjà passée à la postérité.

Se réinventer ? Planifier ? Emmanuel Macron semblait ce 31 mars, alors en déplacement chez un fabricant français de masques près d'Angers, donner du corps à ces concepts en précisant quelque peu sa vision des choses. Il évoquait alors la nécessité de « produire plus sur le sol national pour réduire la dépendance. » Dans un même élan néo-souverainiste, il plaidait alors pour « un rapatriement d'usines dans l'Hexagone. »

« Ne plus subir » était son crédo du 31 mars 2020 : « Pour certains produits et certains matériaux, le caractère stratégique impose d'avoir une souveraineté européenne, pour réduire notre dépendance. »

« Souveraineté » oui, mais... « européenne » : voilà qui aurait dû mettre la puce à l'oreille à ceux qui ont voulu croire à ces belles promesses.
Car, inutile de faire durer le suspense, six mois plus tard, il ne reste évidemment rien de ces grands discours. Et Macron ne s'est toujours pas réinventé.

Comment en effet construire une « planification », un « rapatriement » quand l'outil pour y parvenir est si biscornu : une souveraineté européenne, dont on se demande ce qu'elle peut bien recouvrir, étant donné que l'Union européenne n'est pas un État, ni un pays, qu'il n'y a pas de peuple européen, et que les vingt-sept nations qui la composent ont des intérêts a minima divergents et bien souvent concurrentiels, voire contradictoires. Rapatrier la production de masques en Bulgarie, de machines à respirer en Pologne, de principes actifs des médicaments en Allemagne, de tests en Espagne ? Cela entrerait certes dans le projet européiste d'Emmanuel Macron, mais la belle affaire pour la France...

Refusant de penser national, indépendance française et souveraineté nationale, Emmanuel Macron était déjà très mal parti.

Ajoutons à cela que la relocalisation d'industries en France ne se décrète pas. Il ne suffit pas de mâtiner ses discours de belles formules pour qu'elles prennent vie comme par enchantement... Il faut se donner les moyens de sa politique.

L'euro, inadapté à la France, trop cher pour elle (trop cher aussi pour tous les pays d'Europe du Sud, comme l'écrit chaque année le FMI dans un rapport estival), premier facteur de désindustrialisation de notre pays depuis sa création il y a vingt ans, cause principale de l'explosion de notre déficit commercial sur la même période ? Pas un sujet pour le président de la République, vous l'imaginez bien.

L'interdiction formelle de toute forme de patriotisme économique posée par les règles de l'Union européenne (même l'étiquetage vendant la production nationale est interdit par les Traités européens !), pensez-vous que l'hôte de l'Élysée en parlerait ? Bien sûr que non. Ce serait rompre avec le Dogme absolu. La Vache Sacrée de Bruxelles.
Mais dans ces conditions, comment agir ?...

La multiplication des accords de libre-échange conclus dans le monde entier par l'Union européenne, qui détient une « compétence exclusive » en matière de politique commerciale selon les Traités, fort peu compatible avec toute tentative de produire local : un sujet tabou également.

Bref, Emmanuel Macron promet de conduire à bon port la voiture France, il s'assied fièrement à la place du conducteur, il plastronne à la télévision, il roule les mécaniques dans ses discours du confinement, mais les Français découvrent éberlués qu'il joue au pilote, il fait « vroum vroum » dans une voiture qui n'a plus ni volant, ni pédales, ni moteur, partis à Bruxelles, à Berlin, ailleurs...

C'est tellement vrai qu'au moment même - pas six mois plus tard, mais à quelques heures d'intervalle seulement ! - où le chef de l'État faisait ses grandes promesses aux Français, l'Union européenne s'occupait des choses sérieuses et faisait exactement l'inverse, sans bénéficier évidemment de la même publicité médiatique.

En effet, le 30 mars, soit la veille du discours martial d'Emmanuel Macron dans l'usine angevine de masques, le Conseil européen donnait son feu vert à un accord de libre-échange entre l'UE et le Vietnam... Macron promet la main sur le cœur de défendre la production nationale, pendant ce temps l'Europe ouvre un peu plus ses frontières et s'engage à importer davantage de produits vietnamiens...

Macron continuera de parler en avril, l'Union européenne continuera au même moment de faire l'inverse. Un magnifique aperçu du « en même temps » macroniste.
Le 28 avril 2020 en effet, alors que le confinement en France n'était pas encore terminé, le commissaire européen au Commerce, à l'époque Phil Hogan, publiait un communiqué pour se réjouir de la finalisation d'un nouvel accord de libre-échange, cette fois avec le Mexique. Au menu : 20 000 tonnes de bœuf mexicain en plus dans nos assiettes, entre autres joyeusetés.
Depuis, les éleveurs français sont vent debout et crient à la trahison. Emmanuel Macron, lui, fait semblant d'écouter ailleurs...

Ne nous arrêtons pas en si bon chemin. Fin juin 2020, Emmanuel Macron crie victoire : il a « stoppé net » l'accord de libre-échange, dit UE-Mercosur, entre l'Union européenne et des pays d'Amérique du Sud, dont le Brésil.
Quelques jours plus tard, comme pour le narguer et lui rappeler qui décide, la Commission de Bruxelles publiera un communiqué pour se féliciter de la bonne avancée de cet accord...

Double hypocrisie ici : à l'enjeu de rapatriement des activités en France s'ajoute un problème écologique. Comment en effet feindre de s'émouvoir du sort de la forêt amazonienne, le poumon vert de notre planète, comme le fit encore sur son compte Twitter

Emmanuel Macron le 27 juillet 2020 (« Notre maison brûle toujours ! » après le « notre maison brûle » de l'été 2019) et en même temps accélérer les importations venues du Brésil, de soja notamment, alors que les ONG ont clairement pointé du doigt le lien étroit entre culture de soja au Brésil et déforestation ?...
Décidément, le « en même temps » est un sacré cynisme !

Alors que reste-t-il vraiment des grandes promesses du confinement ? Que subsiste-t-il de la réinvention macronienne ?

Rien, à vrai dire. Les dogmes européens, qui nous empêchent d'agir sérieusement, n'ont pas été modifiés d'un iota. Au contraire, à travers l'accord européen du 21 juillet 2020 pour un plan de relance, Emmanuel Macron a marqué sa volonté de rendre plus fédérale encore la politique budgétaire et même, désormais, la politique fiscale.

L'euro continue. Le libre-échange aussi. Les délocalisations et l'affaissement de notre industrie ont donc de beaux jours devant eux.
Les belles promesses du 31 mars se sont limitées à une vague annonce le 16 juin d'un plan de relocalisation d'une partie de notre industrie pharmaceutique. 200 millions d'euros ont été promis. Soit une goutte d'eau, et une approche par le petit bout de la lorgnette, sans

remettre en cause le moins du monde les grandes dynamiques en cours.

Au cœur de l'été, début août 2020, le journal *Les Échos* nous apprenait même que l'Élysée avait finalement accepté, après des mois d'hésitation paraît-il, de vendre une nouvelle pépite française, Photonis (leader mondial de la vision nocturne, qui équipe nos forces spéciales ou encore le satellite *Hubble*) à la société américaine Teledyne.

Cette décision venant de celui qui a déjà bradé tant de nos fleurons nationaux (Alstom, Technip, Latécoère, Lafarge et beaucoup d'autres) ne nous surprend pas. Macron ne travaille pas pour la France, et n'a jamais travaillé pour elle. Mais elle a le mérite de rappeler aux naïfs que les promesses n'engagent que ceux qui veulent bien y croire...

Chapitre 8
Déconfinés, mais pas trop

Il y a six mois encore, certains d'entre nous n'avaient jamais prononcé le mot « confinement ». Depuis le mois de mars, vous l'avez probablement employé des milliers de fois, et vous en connaissez toutes les déclinaisons : déconfiner, déconfinement, reconfiner, reconfinement… Aucun de ces mots n'appartient encore au dictionnaire officiel mais nous les utilisons tous les jours comme s'ils étaient devenus parfaitement naturels, des concepts que nous aurions toujours connus.

Arrêtons-nous un instant sur ce que cela signifie de « confiner » une population, surtout à la sauce française, ou plutôt à la sauce macroniste.

Le confinement français fut l'un des plus durs au monde. Dans certains pays, on a misé sur le civisme et le bon sens des citoyens. Ainsi en Allemagne, les citoyens sont restés libres d'aller et venir pendant le confinement, ils ont pu continuer à profiter des espaces de plein air, les seuls évidemment où le virus ne risquait pas d'attaquer ; on leur demandait simplement de limiter les regroupements et de veiller surtout à protéger les plus fragiles face au virus. En Suède, pays qui n'a pourtant pas connu beaucoup plus de cas de coronavirus et de décès par million d'habitants qu'en France, il n'y eut tout bonnement aucun confinement. En France, les mesures furent drastiques : limitation des déplacements à un kilomètre de chez soi, interdiction de tout regroupement, et surtout, cette horrible attestation donnant le motif de votre sortie du domicile qu'il fallait pouvoir présenter en cas de contrôle. En vérité, le confinement français fut un confinement policier. Avec l'espagnol et l'italien, il fut le plus restrictif de la planète en matière de libertés individuelles.

On peut pourtant s'interroger a posteriori sur l'efficacité de ce confinement. Le professeur Raoult a plusieurs fois mentionné des études espagnole et italienne, étrangement censurées par les médias français et les mandarins des plateaux de télévision, qui montraient qu'un confinement policier n'était pas efficace. Sur le site de l'IHU de Marseille figure l'analyse suivante : « Une étude a été menée par les autorités espagnoles sur 60 983 personnes, détectant les anticorps contre le Covid-19. Un résultat en particulier a attiré notre attention : les travailleurs actifs ont été séparés en deux groupes : les « travailleurs essentiels », n'étant donc pas confinés à la maison, comparés aux autres travailleurs actifs, confinés en Espagne. La différence est très intéressante : les personnes qui n'étaient pas confinées ont été moins infectées que les personnes confinées. »

De la même manière que le confinement avait été sévère, le déconfinement a été très encadré, s'étendant sur de longues semaines avant un très relatif retour à la normale. Il a d'abord fallu attendre le 13 avril, soit près d'un mois après l'entrée en vigueur du confinement, pour que le président Macron daigne nous donner une date de sortie du tunnel, celle du désormais célèbre « 11 mai ». Puis s'ensuivirent d'interminables discussions, parfaitement incompréhensibles d'ailleurs, sur les zones vertes, oranges et rouges, qu'on devait déconfiner de manière différente. Un « monsieur déconfinement » fut même nommé, c'était Jean Castex, qui allait devenir Premier ministre quelques semaines plus tard. Des protocoles sanitaires hallucinants de complexité, en réalité parfaitement irréalisables, furent imaginés pour rouvrir les écoles et les entreprises. 56 pages pour les écoles maternelles et élémentaires, 54 pour les établissements d'enseignement secondaire… Les professeurs et les directeurs d'établissement y perdaient leur latin, s'arrachaient les cheveux, pendant que les parents se demandaient comment on allait pouvoir protéger la santé de leurs enfants dans des conditions aussi bancales. On se mit à grands renforts de caméras à désinfecter des salles de classe qui n'avaient pas vu d'élèves depuis des mois ! On mesurait dans les entreprises le nombre de mètres carrés par salarié, qui devait être de 4 au minimum. Mais attention, pas question de diviser la superficie d'un bureau par le nombre de salariés, il ne fallait pas oublier de déduire la surface occupée par les étagères, les armoires et les poubelles au sol, avant de faire la division !

Quant aux bars et aux restaurants, ils purent rouvrir au compte-goutte, pas avant le 2 juin en Île-de-France, et à condition de respecter là aussi des obligations aussi farfelues qu'inapplicables. Et il y eut aussi cette fameuse règle absconse des « 100 kilomètres », nouvelle distance maximale de sortie du domicile qu'on imposait aux Français, et qui en empêcha beaucoup d'aller rendre visite à des proches qu'ils n'avaient pourtant pas vus depuis des mois…

Il faut dire qu'à l'époque déjà, certains faisaient de la résistance. Le déconfinement, c'était l'enfer pour ces mandarins qui avaient squatté les plateaux de télévision des semaines durant pour nous expliquer que nous ne pourrions plus jamais vivre comme avant. Pour ces professeurs grassement rémunérés par les multinationales pharmaceutiques, c'était pure folie que de vouloir rouvrir des entreprises ou des écoles, et de laisser les gens circuler librement dans la rue, avant qu'on ne trouve un vaccin ou que la Sécu ne rembourse le flacon de remdesivir à 2 076 euros pièce ! Quant à nos « vieux », certains proposèrent sérieusement de les maintenir confinés au moins jusqu'à l'hiver prochain, et tous s'accordaient à dire qu'il ne fallait surtout pas aller les visiter cet été, ni laisser leurs petits-enfants les approcher…

Nous fûmes donc « déconfinés », mais pas trop. Pas trop vite, et pas totalement non plus. Des spots télévisés apparurent sur tous nos écrans pour nous rappeler que l'été ne devait surtout pas être un été normal. Les gestes barrières (quel horrible mot !) devaient continuer de nous emprisonner un peu malgré tout, nous tenir à distance. Ils devaient servir à nous tenir encore individuellement « confinés », chacun tenu à l'écart de l'autre, chacun devant rester dans sa bulle (en Belgique, où l'on fait toujours tout comme en France mais en pire, on inventa même le concept de « bulle sociale », c'est-à-dire le nombre de personnes que l'on doit s'autoriser à fréquenter, réduit à un maximum de 10 ou 5 personnes selon la dangerosité apparente de l'épidémie). L'idée n'était plus de confiner la population tout entière chez elle, mais de confiner chacun dans une sphère sociale réduite aux acquêts.

Le sentiment de liberté retrouvée ne dura que quelques semaines. Très rapidement, le « relâchement » des Français fut pointé du doigt, en particulier celui des plus jeunes. Lors de la Fête de la musique, le 21 juin, ce fut un déchaînement de condamnations pour fustiger ces inconscients qui avaient osé l'espace d'un instant, un soir d'été, déambuler, voire danser dans les rues. Les mandarins nous promettaient que les services de réanimation seraient de nouveau engorgés deux semaines plus tard. Bien sûr il n'en fut rien. Puis on alla sur les plages traquer les comportements inadmissibles de ces adolescents qui osaient prendre un peu de bon temps après ces semaines de cauchemar, après ce printemps volé. Salauds de jeunes ! Veulent-ils donc tuer leurs vieux ? Vint ensuite très rapidement, dès le mois de juillet et plus encore en août, l'obsession du masque : partout, tout le temps, pour tout le monde, et même par 40 degrés à l'ombre. La canicule pointait le bout de son nez : il fallait continuer de cacher le sien derrière un masque, quitte à ne plus pouvoir respirer ! Ville après ville, ce fut le concours Lépine du maire le plus répressif. Dans un Paris désert faute de touristes, Anne Hidalgo étendit progressivement le nombre de rues où le masque devenait obligatoire. 135 euros pour non port du masque, c'est le montant de la contravention qu'on vous adresse, le même exactement que pour une sortie de son domicile sans attestation pendant le confinement. Surveiller, traquer, punir dès que possible, pour continuer de bien dresser les citoyens. À Nice, et dans dix communes alentours, le port du masque devint même obligatoire dans sa voiture !

La peur de la seconde vague, nous y reviendrons, devient aujourd'hui obsessionnelle. Chaque jour les chiffres de contaminations (surtout pas ceux des hospitalisations, des réanimations et des décès qui baissent ou qui restent stables à un bas niveau, très inférieurs aux chiffres du printemps) sont avancés pour montrer aux Français qu'ils sont proprement inconscients, qu'ils feraient bien de se ressaisir, qu'il est grand temps qu'ils cessent de goûter à cette liberté retrouvée. La liberté d'après n'est pas celle d'avant, c'est une liberté pour le moins encadrée, surveillée. Nous sommes peut-être déconfinés, mais on sent à

quel point le pouvoir ne l'accepte pas, à quel point il cherche un autre moyen de nous séparer les uns des autres, de nous enfermer, en réalité de nous tenir en laisse.
Posons-nous la question : d'où vient cette peur de laisser les Français retrouver leur liberté ? D'où vient cette autre obsession pour la « distanciation sociale » (le mot n'est pas anodin) ? D'où vient cette appétence pour l'éloignement des Français les uns des autres ?

La réponse est évidente. C'était la volonté de maintenir sur le peuple français un maximum de contrôle social, on pourrait même dire un contrôle politique. Lors du confinement, ce contrôle était presque total. C'était pain béni pour un gouvernement qui ne cesse depuis des mois, des années même maintenant, d'être confronté à un peuple de plus en plus hors de contrôle. Manifestations des Gilets jaunes depuis 2018, manifestations contre l'ignoble réforme des retraites l'hiver dernier, mouvement des personnels soignants, des pompiers, des avocats, des enseignants ...
Le peuple français avait pris la très mauvaise habitude de descendre bien souvent dans la rue. Et ce que l'on craignait par-dessus tout, notamment avant qu'arrive la pandémie, c'était la fameuse « coagulation » des mouvements sociaux. C'était en somme l'idée que les Français puissent se retrouver, dans la rue justement, cet espace qu'on veut à tout prix depuis le printemps leur interdire de fréquenter, et de se liguer ensemble contre l'oligarchie qui étouffe la France.

Aujourd'hui, nous sommes déconfinés officiellement, mais tout est fait pour empêcher le moindre rassemblement social. Une ministre espagnole a osé dire en juillet 2020 : « Le droit de manifester n'est pas celui de contaminer. » Tout est dit, et je peux vous assurer que vous entendrez souvent ce mot d'ordre : le coronavirus sera systématiquement convoqué pour empêcher tout mouvement de révolte.

Nous en avons déjà eu un avant-goût au mois de juin, le 13 précisément, quand neuf personnes ont été arrêtées devant le siège de la Commission européenne à Paris parce qu'elles manifestaient pour le Frexit. 9 personnes, cela risquait certainement de créer un *cluster* géant en plein Paris.

À la même heure, le même jour, alors que l'interdiction de rassemblement de plus de dix personnes était toujours en vigueur, on dénombra pas moins de 20 000 manifestants devant le tribunal de Paris, à l'initiative du clan Traoré, pour lancer en France le mouvement *Black Lives Matter* ... Pas de masques, pas de gestes barrières, pas un mot de condamnation de la part du pouvoir, pas un mandarin sur les plateaux pour s'en offusquer… À croire que tous les rassemblements n'ont pas le même pouvoir de contamination. Le coronavirus paraît lui aussi savoir bien choisir ses causes, et ça tombe bien, ce sont les mêmes que celles qui arrangent le pouvoir !

Chapitre 9

Le virus de la peur

Invité de Cnews le 19 août, le professeur Raoult réagissait à la peur de la deuxième vague, celle qui aura feuilletonné tout l'été 2020 et n'aura cessé de gagner en intensité avant que l'automne arrive. « Il faut se calmer », martela-t-il pendant l'entretien, rappelant combien la peur est mauvaise conseillère, pour tout le monde. Et d'ajouter : « J'ai peur de la peur qui n'est pas justifiée par des chiffres. [...] Plus on s'affole, moins on soigne. » Prenant de la hauteur par rapport à la gestion de crise tintinnabulante qui est celle du gouvernement depuis le début de l'année, il assène ensuite avec le sens de la formule qui le caractérise : « On n'organise pas de lutte en ayant peur. Il faut enlever ceux qui ont peur et mettre ceux qui ont du courage devant. »

Et pourtant, c'est le thème de la peur qui prévaut depuis longtemps en France. À bien y réfléchir, tout le discours du gouvernement depuis que l'épidémie est apparue repose sur la peur. Comme si l'épidémie que nous connaissons, en plus d'être l'épidémie du coronavirus, était aussi celle du terrible virus de la peur.

La peur s'est d'abord imposée de manière brutale juste avant le confinement. Elle s'est installée massivement et bruyamment, comme si les gouvernants voulaient partager avec nous celle qu'ils éprouvaient sans doute devant le vertige de leur impréparation, quand ils découvraient (bien tardivement) que la France était nue face à l'arrivée de la pandémie.

Alors ce fut la peur terrible du tsunami qui se préparait en mars, la peur épouvantable entretenue chez les Français pendant les longs mois de confinement avec les interventions apocalyptiques du professeur Salomon tous les soirs à l'heure du dîner, les images entêtantes diffusées en boucle de hôpital au bord de l'effondrement, les reportages sur les transferts de malades, les visages inquiets et fatigués des personnels de santé. C'était la peur chez les personnes atteintes par le coronavirus à qui l'État refusait tout traitement, les laissant suspendues à l'écoute angoissée de leur respiration et à leur incertitude intenable : faut-il appeler le 15 ? Vont-ils me prendre en charge ? La peur invivable des enfants qui restaient sans nouvelles de leurs parents en EHPAD. Bref, c'était la peur à tous les étages, à un niveau dont on commence à peine à comprendre à quel point il a traumatisé nombre de Français, et a entraîné des conséquences psychologiques et psychiatriques terrifiantes.

Puis, après la pause des quelques semaines de déconfinement, déjà bien peu insouciantes, revint très vite le temps de la peur. Non plus la peur en mode tintamarre comme pendant le confinement, mais la peur distillée comme dans un supplice chinois, matin, midi et soir, sur tous les tons et de nouveau sur toutes les antennes : la peur de la deuxième vague. Il y eut d'abord la Fête de la musique, le concert d'Avener, puis les *rave parties*, les vacances des Français, leur amour immodéré pour la détente et les retrouvailles entre amis : à chaque fois, quinze jours plus tard, la deuxième vague devait arriver, sans doute aussi impressionnante que la première, peut-être même davantage.

À la veille de la rentrée, à l'heure où je termine ce livre, la peur de la deuxième vague est plus intense que jamais parce que l'on observe un nombre de contaminations chaque jour battu, et que la courbe des hospitalisations et celle des réanimations connaîtraient certains jours un début de remontée.

Le gouvernement serait dorénavant bien inspiré de cesser d'affoler les Français. Et de garder son sang-froid. On attend de lui qu'il travaille sérieusement. Qu'il fasse preuve de prudence, certes, mais qu'il ne fasse pas payer son impréparation et son incompréhension de la situation aux Français en les mortifiant d'une peur panique qui remplit chaque jour l'agenda médiatique. Les Français attendent de leurs gouvernants qu'ils cessent de donner le sentiment d'avoir peur et de chercher à terroriser les citoyens. On sait que le gouvernement par la peur arrange bien des intérêts, à commencer par ceux des responsables de la catastrophe sanitaire, économique, sociale, culturelle à laquelle la France est confrontée depuis des mois. Qui ira chercher des poux à ceux qui sont responsables quand le quotidien est d'abord happé par la peur panique d'une épidémie qui ne s'arrêterait jamais ?

Et la peur fonctionne malheureusement à merveille sur toute une partie de la population qui semble s'enfoncer chaque jour davantage dans un marasme interminable. Qui a peur obéit plus facilement. Qui a peur perd son esprit critique, n'est plus capable de se révolter contre l'intolérable. Injectée en intraveineuse, la peur éteint parfois les cerveaux.
Gardons notre esprit critique ! Et soyons exigeants envers ceux par qui nous sommes malheureusement aujourd'hui dirigés.

Qu'ils se détachent des lobbies, qu'ils rompent les amarres avec ces « conseillers » qui sont autant de représentants de grands labos voulant nous refourguer leur camelote ! Qu'ils écoutent à l'inverse les avis fondés sur la science, l'observation, les initiatives qui fonctionnent ! Qu'ils prennent les problèmes sérieusement, en se fixant des stratégies claires, s'appuyant sur la confiance dans les Français, remisant les discours culpabilisateurs et finalement stériles qui rejettent toute la faute de l'épidémie sur nos propres comportements ! Qu'ils soient rationnels et non dans la pensée magique !
Qu'on écoute ceux qui savent : par exemple le professeur Martin Blachier, épidémiologiste, qui a

qualifié sur France Bleu Paris le 6 août le port du masque à l'extérieur de « principe de précaution inutile », ou le médecin et professeur de physiologie Jean-François Toussaint, qui le 10 août aux *Grandes Gueules* de RMC a déclaré : « Aujourd'hui, le danger n'est plus présent mais on continue d'instaurer une peur irraisonnée. »
La peur travaille de concert avec sa vieille maîtresse, la culpabilité. Si vous péchez, vous serez punis ! C'est ça le message subliminal qui se cache derrière la communication du gouvernement. Si ces jeunes inconscients continuent de manifester leur joie sur les plages l'été, si ces récalcitrants au masque se font entendre, osent répandre leurs thèses immanquablement complotistes, immédiatement assimilées à d'horribles *fake news*, c'est la catastrophe assurée !

Dans cette stratégie de la peur et de la culpabilité, le masque tient une place essentielle. C'est pratique le masque, parce que ça rejette symboliquement toute la responsabilité de la lutte contre le coronavirus sur la société, sur les individus. Si le virus progresse c'est parce que les gens ne portent pas assez le masque, devenu la réponse à tous les problèmes. Ainsi faut-il imposer le masque partout, d'abord en intérieur, puis même à l'air libre, d'abord dans quelques rues, puis dans des villes entières, bientôt sans doute dans toute la France. Le masque obligatoire, c'est comme l'Europe : moins ça marche, plus on nous dit que c'est parce qu'il n'y en a pas encore assez...

Je demande à ceux qui passent leur temps à nous expliquer que le port obligatoire du masque à l'extérieur, même quand l'épidémie a disparu, est indispensable de bien vouloir se pencher sérieusement sur l'exemple suédois et de m'expliquer pourquoi la Suède, malgré un nombre de tests important, n'a connu aucune recrudescence de l'épidémie depuis juin 2020 alors qu'elle a choisi à contre-courant de faire confiance à ses habitants, n'imposant ni à l'intérieur ni à l'extérieur le port du masque.

Il semble même que les chiffres de contaminations qu'elle affiche sont depuis plusieurs semaines bien meilleurs, c'est-à-dire bien plus faibles, que ceux de l'Europe occidentale et même que ceux de ses proches voisins scandinaves.

Il est impressionnant de constater que l'exemple suédois n'est jamais discuté -et pour cause ! - sur les plateaux de télévision et jamais opposé aux mandarins adeptes du masque pour tous.

Pas de plan sanitaire digne de ce nom pour les entreprises, incapacité totale à favoriser le télétravail, imprévoyance dans la préparation de la rentrée scolaire ? Pas de problème : masque pour tout le monde, tout le temps, partout. Au bureau, dans la salle de classe, dans la rue, dans les transports, dans les commerces : le masque, ce sera du matin au soir, sur la bouche de chacun, et gare aux contrevenants ! Les amendes commencent de pleuvoir. Ces inconscients regardent un match de foot sans tous porter le masques à l'intérieur du bistrot : les CRS débarquent et matraquent tout ce petit monde pour le déloger (je fais référence ici au soir de la finale de la Ligue des Champions opposant le PSG au Bayern de Munich, dans un café de Paris, à l'heure même où les racailles incendiaient les Champs-Élysées dans l'indifférence totale du gouvernement).

Étrange de voir le chemin parcouru depuis l'époque où il était impossible de trouver un masque et où celui-ci officiellement ne servait à rien, voire était dangereux, jusqu'à celle que nous connaissons où le masque est magiquement devenu l'atout ultime pour lutter contre le virus. C'est comme si par son obsession actuelle du masque le gouvernement tentait d'exorciser le péché initial, celui de l'absence du masque au moment où il aurait été sans doute fort utile, c'est-à-dire quand est arrivée l'épidémie meurtrière, au printemps de cette année.

Car le masque, c'est pour moi comme l'écharpe qu'on porte en hiver et pas en été : on doit le mettre quand c'est nécessaire. Et je pense par exemple qu'on en avait bien plus besoin au mois de mars 2020 qu'au mois de juillet ou d'août dans les parcs de Paris ou sur la plage de Fort-Mahon…
Le masque est devenu l'alpha et l'oméga de la politique gouvernementale. Et les débats de se cantonner

aujourd'hui à « qui paiera les masques ? qui les paiera à l'école, dans l'entreprise… ? »

Pas un mot en revanche dans la communication gouvernementale sur un traitement possible du coronavirus. J'ai abordé dans ce livre l'immense scandale des essais cliniques et de la mise au ban de l'hydroxychloroquine. Je m'interroge en le terminant sur l'incroyable situation dans laquelle nous sommes : comment peut-on prétendre craindre aussi fort une deuxième vague meurtrière et continuer de se désintéresser de ce qu'entreprennent avec succès des gens, loin d'être isolés et loin d'être les moins crédibles, pour tenter de soigner les patients ? Va-t-on recommencer, si l'on est effectivement confronté à une hausse importante du nombre de patients symptomatiques, à laisser les gens en dehors du champ médical, loin de tout soin digne de ce nom, avec leur doliprane et le numéro du SAMU en cas d'urgence ?
Si la seconde vague est aussi menaçante, pourquoi ne contrôle-t-on toujours pas nos frontières ? Pourquoi refuse-t-on si aveuglément encore de tester les personnes en provenance de pays à risque, comme ne manquent pas de le faire d'autres États, y compris pour des Français, quitte à briser les sacro-saintes règles de l'Union européenne ?

Je ne dis pas qu'il ne faut pas être prudent face à ce virus. Je ne dis pas que le masque est tout le temps inutile, je dis qu'il peut l'être dans certaines circonstances et à certains moments. Je préfère que les gens fassent un usage raisonné de cet outil de prévention qui en est un parmi d'autres, qui est une toute petite brique de la stratégie. Je préfère cela à l'usage que l'on en voit aujourd'hui, où les gens traînent pendant des jours, parfois des semaines, le même masque chirurgical ou en tissu qu'ils mettent, enlèvent, remettent vingt fois par jour, qu'ils reprennent le lendemain au fond de leur sac, qu'ils ne veulent pas changer trop vite par souci légitime d'économie… Je ne suis pas du tout convaincu qu'il s'agisse dans ce qu'on voit aujourd'hui d'un progrès de l'hygiène.

Pire, ainsi qu'alertent différents épidémiologistes, comme le Suédois Anders Tegnell, l'usage répété d'un même masque peut se révéler dangereux pour celui qui le porte. Un masque chirurgical doit normalement être utilisé entre trois et quatre heures maximum, être retiré avec précaution par les élastiques, et n'a jamais été pensé pour un usage massif, de longue durée, et en population générale. La plupart des usagers du masque ne respectent pas ces prescriptions et, au final, ont une utilisation du masque qui revient exactement à se coller le doigt sur la bouche ou sur le nez ... Attention à ce que trop de masque ne tue pas le masque.

J'invite aussi le lecteur à bien réfléchir à ce point précis, jamais abordé : jusqu'à quand appliquerons-nous cette vision maximaliste du « principe de précaution » concernant le Covid–19 ?

Penchez-vous sur la question : il y aura toujours un bon prétexte pour maintenir les mesures liées au principe de précaution, c'est-à-dire un nombre considérable de restrictions.

En effet, durant l'automne, l'hiver, au printemps aussi, mais également en été lorsqu'on fait le choix de continuer à réaliser des tests de dépistage (là de façon essentiellement asymptomatique), il y a en permanence des malades, ou des cas « positifs » dans une population, qu'il s'agisse du Covid-19 ou d'autres infections respiratoires. De l'automne au printemps en particulier, il y a de toute éternité des gens qui tombent malade, qui ont de la fièvre, qui toussent, qui ont des courbatures, qui ont mal à la tête, et tout autre symptôme que vous pouvez imaginer et que vous avez déjà évidemment expérimenté.

Dans le climat hystérique ambiant, comment imaginer qu'un gouvernement annonce la suppression de l'obligation du port du masque ? Mais aussi la fin de la distanciation sociale ? Mais aussi le retour à la normale concernant la possibilité de se rassembler, de réunir du monde à l'extérieur comme en milieu clos ?

En réalité, si l'on suit les raisonnements actuels, il est fort probable que nous ne revenions jamais à la normale. Que nous soyons à perpétuité condamnés à « garder nos distances » avec nos proches, à devenir des semi-étrangers les uns pour les autres, à vivre dans un système démocratique extrêmement dégradé par les règles relatives au rassemblement, à la capacité ou non de manifester. Bref à vivre, ou survivre, dans un monde effrayant où les traits du visage sont en permanence dissimulés derrière un bout de tissu ou un morceau de plastique.

Et même si le Covid–19 disparaissait pour de bon, rien ne dit que la folie ambiante n'exigera pas les mêmes restrictions contre notre bonne vieille grippe (après tout elle tue elle-aussi des milliers de personnes chaque année, ces morts ne valent pas moins que ceux du covid), mais aussi toute autre maladie potentiellement mortelle...C'est littéralement sans fin.

En réalité, on nous demande de laisser les maîtres du jeu, gouvernements, grands laboratoires, OMS, et autres lobbies décider du moment où ils choisiront arbitrairement de siffler la fin de la récréation. Nous sommes dépossédés de nos vies et de notre destin, dépossédés de nos choix collectifs, de nos choix de politique de santé publique, de notre vision de la société et de nos libertés.

Je préfère que le discours gouvernemental prenne un peu de hauteur, cesse de faire reposer l'entièreté de la lutte contre le coronavirus sur les épaules d'une population déjà bien amochée et fatiguée, sortie d'un été loin d'être reposant pour les nerfs. Je préfère que l'on prenne enfin tous les vrais problèmes à bras le corps : sanitaires, économiques, sociaux. Qu'on le fasse en toute indépendance et avec courage. Que l'on cesse aussi de détruire le monde de la culture, pilier de la civilisation française.

Je l'ai expliqué dans ce livre à maintes reprises. Des décisions radicales (au bon sens du terme, c'est-à-dire qui vont à la racine des problèmes) doivent être prises, dans tous les domaines. Il est urgent que nos gouvernants gagnent en indépendance, qu'ils s'affranchissent de toutes les tutelles (européenne, pharmaceutique, financière, etc.), qu'ils gagnent cette liberté indispensable aujourd'hui. Nous n'aurons pas de gouvernants courageux si nous gouvernants restent enchaînés au mur de la tutelle ou du conflit d'intérêt.

Nous devons rompre les chaînes pour eux s'ils ne veulent le faire. C'est le sens de la révolution politique que je sais absolument indispensable aujourd'hui. Et je crois que le peuple français fera cette révolution politique, parce que je sais que le peuple français, lui, n'a pas froid aux yeux, que la peur lui est un défaut étranger ou passager, et qu'il sait toujours quand il le faut se dresser avec courage

Chapitre 10

Révoltez-vous !

Face à ce constat implacable, révoltez-vous. Révoltons-nous.

Révoltons-nous d'abord par l'Intelligence. Depuis des décennies, la manière dont est gouverné notre pays est une insulte au bon sens et à l'intelligence. La France ne fait que s'enfoncer, mais les chefs d'État, les Premiers ministres et les ministres se succèdent depuis quarante ans à la télévision pour nous expliquer inlassablement que tout commence à s'améliorer, que leur politique commence à porter ses fruits, que tout est sous contrôle.

La crise du Covid-19 aura eu le mérite, peut-être son seul mérite, d'amplifier comme jamais cette façon de faire et de la rendre plus visible aux yeux de nos compatriotes.

En quelques mois, ils se sont payés notre tête comme jamais. Et leur première arme pour cela fut de nous dire tout et son contraire en permanence. Le confinement ? Pas utile de faire comme les Italiens,

puis utile, puis indispensable, et enfin la seule et unique solution possible qu'il n'est plus envisageable de discuter.
Les masques ? Inutiles, qu'on ne sait pas porter, puis utiles, très utiles, la riposte la plus efficace face au virus, et finalement objet sacré, obligatoire partout, pour tous, tout le temps, qu'il n'est plus possible de questionner.
Les essais cliniques ? Le Saint-Graal. Avant qu'ils ne tombent dans un trou noir et qu'il ne soit plus autorisé d'en parler.
Les vaccins ? Le remède miracle. Sauf quand ils viennent de Russie.
Sauver les entreprises et l'emploi ? Oui, « quoi qu'il en coûte ! »... Mais vous devrez travailler davantage, faire des économies et accepter des sacrifices, sur vos salaires, vos congés, ou les deux...

Et j'en passe et des pires.
Ils nous ont noyés sous un flot d'informations systématiquement contradictoires. Il n'y avait plus de vérité, tout était relatif. Et rien n'a changé depuis. Il n'y a plus d'horizon temporel certain non plus, tout est mouvant, en permanence. La seconde vague n'est pas arrivée ? Mais elle arrivera demain... ou après-demain...
La confusion est partout. Même les autorités ne parlent plus d'une seule voix, mais via une multitude de visages, plus ou moins officiels, plus ou moins démocratiquement légitimes. Au point que plus personne ne sait très bien ce qu'il faut comprendre, ni ce qu'il faut faire.

Notre esprit critique est mis à rude épreuve. Notre sens de la Raison aussi. La première révolte nécessaire est donc bien celle de l'intelligence. Ne vous laissez pas entraîner dans le tourbillon des informations et contre-informations et de la vérité relative. Forcez-vous à avoir la mémoire longue, pour mettre les événements en perspective les uns avec les autres, donner du sens à tout ce qui se passe et détecter par vous-mêmes les manipulations d'un pouvoir capable de dire tout et son contraire à quelques heures, quelques semaines ou quelques mois d'intervalles.

Remettez de la logique partout où on voudrait vous la faire oublier. Une épidémie, ce n'est pas 10 morts par jour dans un pays de 67 millions d'habitants dans lequel meurent chaque année plus de 600 000 personnes. Où chaque jour, 60 personnes meurent d'accidents domestiques.
Une maladie qui tue 1 000 personnes par jour n'est pas la même quand elle en tue cent fois moins.
Un masque peut être utile à certains moments dans certaines circonstances sans que cela signifie qu'il est par essence utile partout et pour toujours.

Opposez aux faiseurs d'intrigues votre sens critique, votre bon sens et au final votre Raison. Face à cela, ils seront nus. Démunis et désarmés. Et vous gagnerez la partie.

Pour nous aider dans cet exercice de santé mentale, il faut méditer Hannah Arendt, qui a eu ces mots si justes : « Quand tout le monde vous ment en permanence, le résultat n'est pas que vous croyez ces mensonges mais que plus personne ne croit plus rien. Un peuple qui ne peut plus rien croire ne peut pas se faire une opinion. Il est privé non seulement de sa capacité d'agir mais aussi de sa capacité de penser et de juger. Et, avec un tel peuple, vous pouvez faire ce que vous voulez. »

Cette révolte de l'Intelligence sera fondatrice des autres.

Rien ne justifie qu'on puisse vivre des années durant avec un masque sur la bouche et sur le nez. Qu'on soit en permanence placé sous l'épée de Damoclès d'une menace de « reconfinement » local ou national, en cas de « relâchement » ou de « mauvais comportement ».
Un monde dans lequel il n'est plus possible d'aller voir ses proches, ses grands-parents, de les embrasser, d'échanger quantité d'émotions par le visage, les traits du sourire, n'est plus humain.

On ne peut pas vivre en entendant en boucle à la radio, à la télévision, des clips gouvernementaux nous expliquant que « quand on est proches, on ne s'approche pas trop. »

Le contrôle social des peuples par l'interdiction généralisée (de se rassembler, de manifester, de faire la fête ensemble...) et la demande systématique d'autorisation préalable n'est pas tenable.

Tout cela pour un virus qui sera une véritable menace tant qu'en haut lieu on aura décidé qu'il en serait une.

Nous ne sommes pas des enfants, à qui on vient faire la morale.
Pas plus que nous ne sommes des animaux qu'on domestique, par la réprimande et la friandise.

La deuxième révolte sera celle de la Liberté.

Liberté des hommes et des femmes que nous sommes, liberté du peuple que nous formons.
Liberté de nos consciences, de nos vies.
Liberté, liberté chérie que nous chantons depuis des siècles.
Liberté d'avoir une vie privée, hors de tout contrôle et de tout regard.
Liberté d'opinion et d'expression, si cruellement malmenée, et que la crise du Covid vient encore amoindrir. Depuis la fin du mois de mai, le président des États-Unis, élu au suffrage universel, chef d'État, est de plus en plus souvent censuré sur ses propres réseaux sociaux. Depuis l'été 2020, malgré l'heureuse annulation de la quasi totalité de l'effroyable loi Avia par le Conseil constitutionnel, de plus en plus de contenus sont supprimés des réseaux sociaux. Passés à la broyeuse du Web. Censurés. Si vous mettez en ligne une vidéo, ou un message, qui fait la promotion de

possibles traitements contre le coronavirus, votre compte risque d'être suspendu ou même supprimé. Y compris si vous êtes médecin vous-même... On nage en plein Orwell.

Liberté aussi face à nos maîtres qui veulent profiter de la tonitruante crise économique qui déferle (la vraie deuxième vague !) pour finir de nous mettre en esclavage pour dette. « Faites des efforts, nous avons une dette à rembourser ! », et c'est ainsi que depuis quelques mois se multiplient déjà les « Accords de performance collective », créés par une ordonnance Macron de 2017, autrement dit le chantage d'entreprise institutionnalisé : baisse de salaire, réduction de congés ou c'est le chômage !

Avec la bénédiction du gouvernement, et même ses encouragements, ces accords se sont multipliés depuis l'été 2020 : Derichebourg (baisse de 25 % du salaire net... ou la porte), Valeo, ADP, Ryanai, LISI, … Tous les secteurs sont maintenant concernés.

L'esclavage pour dette, c'est faire prendre en charge par les victimes ce que les coupables refusent de payer. C'est faire peser sur le pays une pénurie qui n'existe pas pour les marchés financiers, gavés d'argent des banques centrales, alors que l'économie réelle tire la langue comme jamais. À commencer par les indépendants rincés par le confinement.

Tant que nous n'aurons pas notre monnaie nationale et le contrôle de notre Banque centrale, la Banque de France, nous ne pourrons rien changer sur ce point.
La dépression était là, latente, sournoise, de plus en plus menaçante. Aucune leçon n'avait été tirée de la crise de 2008, tout était reparti comme avant. En bien pire encore, puisque les banques centrales, Fed américaine puis BCE, se sont mises à gonfler la bulle d'un argent magique, créé par trillions pour tenir à bout de bras des cadavres financiers. Le Covid-19 est arrivé à point nommé pour que les gouvernements puissent se défausser de leurs responsabilités et tout mettre sur le dos du virus.

Révoltons-nous.

Cette deuxième révolte, pour la Liberté, fera grandir le niveau de conscience du peuple français et mènera tout naturellement à la Révolution politique.

Celle-ci a un objectif principal : reprendre le contrôle. De notre pays et de nos vies. Je suis persuadé qu'une campagne électorale suivie d'une élection n'y suffiront pas. Il y aura au préalable, en même temps, un soulèvement populaire. Celui que dicteront les révoltes pour l'Intelligence et la Liberté. Un soulèvement très sain. D'hommes et de femmes debout, fiers et libres. Qui sauront ce qu'ils veulent : être maîtres chez eux. Chasser l'oligarchie au pouvoir, être souverains, sortir du cauchemar.

Cette troisième révolte, éminemment politique, sera donc une révolution. Elle produira les meilleurs fruits qui soient si elle se fixe un programme clair. Un programme de salut public.

J'en propose un, qui a le mérite de la cohérence et du sérieux :

1. Crise du coronavirus : enquêtes sérieuses et peines à l'encontre des coupables. Mission spécifique concernant le drame humain dans les EHPAD.

2. Restauration du service public de la Santé, fin de la logique de la rentabilité à tout prix.

3. Frexit rapide (sortie de l'Union européenne et de l'euro) pour redonner à la France son indépendance et sa capacité d'agir. Création monétaire au service de l'État, de la Nation et de l'économie réelle.

4. Sortie de Schengen et rétablissement de nos frontières nationales. Sortie de la CEDH. Arrêt de l'immigration massive. Coopération entre pays d'accueil et de départ des migrants.

5. Nationalisation des banques, des assurances et des grandes entreprises stratégiques.

6. Interdiction des délocalisations et des rachats par l'étranger de fleurons nationaux.

7. Hausse sensible des salaires et des retraites.

8. Plan de soutien aux artisans, commerçants, PME, aux indépendants : baisse des taxes, liberté de création et d'action, patriotisme économique. Lutte contre les ententes et les cartels.

9. Investissement massif dans l'industrie de défense nationale et dans le budget militaire. Sortie de l'OTAN.

10. Lutte contre les lobbies pharmaceutiques, la corruption et les conflits d'intérêts. Filière publique du médicament. Sortie de la France (a minima jusqu'à réforme d'ampleur) de l'Organisation Mondiale de la Santé.

11. Inéligibilité à vie pour tout élu condamné pour conflit d'intérêts ou corruption.

12. Création du RIC (référendum d'initiative citoyenne) sur tout sujet. Consultation fréquente du peuple par référendum. Obligation de recourir au référendum pour modifier la Constitution

Pour y parvenir, nous devrons être rassemblés. Pas appeler au rassemblement, mais le faire. J'ai proposé à cette fin, par un courrier et une lettre ouverte, une Maison commune des souverainistes. Je ne peux qu'encourager nos compatriotes à joindre leurs forces à cette dynamique de rupture et de libération.

L'oligarchie a laissé tomber le masque à l'occasion de cette crise surréaliste.

Elle a dévoilé au grand jour son projet, ses mensonges, son visage hideux de corruption.

Commençons, nous aussi, par laisser tomber le masque qu'on nous a imposé. Et révoltons-nous. Il est l'heure.

Épilogue

Si la population française ressort masquée de cette crise, celle-ci aura paradoxalement fait tomber les masques.

Démasquée, oui, l'Oligarchie qui nous gouverne avec morgue et suffisance depuis tant d'années.

Démasquée dans son incompétence, son impréparation ; ne dit-on pas pourtant que gouverner, c'est prévoir ?

Démasquée dans ses mensonges, lancinants, permanents et choquants.

Démasquée dans ses incohérences, ses contradictions, et sa capacité à retourner sa veste aussi vite qu'elle enchaîne les interviews télé.

Démasquée dans son soutien inconditionnel et irrationnel à l'Union européenne, dont le seul tour de force est pourtant de nous affaiblir dramatiquement.

Démasquée dans ses conflits d'intérêts, ses liens d'argent, ses amitiés troubles.

Démasquée dans son cynisme et son mépris de la vie humaine.

Démasquée dans son incapacité pathologique à faire amende honorable et à remettre en question ses choix.

Démasquée enfin dans ses projets d'infantilisation et de contrôle des populations.

Il n'y a aucune fatalité à ce que nous vivions dans une société de plus en plus stressante et angoissante, et même laide et triste par bien des aspects. Aucune fatalité non plus de l'appauvrissement et du déclassement. Aucune fatalité de l'évaporation de nos libertés les plus chères, à commencer par celle de penser et de dire ce que nous pensons.

Hommes et femmes de bonne volonté, il ne nous reste plus qu'une seule chose à faire : être capables de profiter de ce grand dévoilement pour prendre les bonnes décisions et reprendre notre destin en main.
La question n'est plus de savoir ce qu'ils ont fait de notre cher et adoré pays, le désastre s'étale sous nos yeux. Elle est de savoir qui aura le courage de se lever pour le reconstruire.

Lettre pour une maison commune des souverainistes

Cette lettre a été adressée dans le courant de l'été à différents responsables de formations souverainistes, ainsi qu'à des personnalités du monde intellectuel ou associatif.

Madame, Monsieur,

Le débat sur la souveraineté nationale ne cesse de prendre de l'ampleur dans notre pays, et c'est heureux. Notre courant d'idée, souverainiste, est naturellement traversé par des traditions politiques et des tendances différentes. L'aspiration de nos compatriotes à ce que nous soyons néanmoins capables de nous parler, de nous rassembler, voire de présenter un front uni face à Emmanuel Macron et aux politiques de l'Union européenne est extrêmement forte. C'est tout à fait légitime, les Français constatant jour après jour les dégâts que provoque l'Union européenne, à laquelle obéissent servilement les gouvernements français successifs depuis des années.

Nous sommes nombreux à mettre l'accent sur cet impératif de rassemblement des souverainistes. À leur niveau, Les Patriotes ont contribué à cette dynamique en organisant le 5 juillet dernier une Journée Souverainiste à laquelle de nombreux intervenants ont participé et où chacun était invité. D'autres initiatives existent, se développent.
Je prends aujourd'hui la plume car il me paraît nécessaire de franchir une nouvelle étape dans le rassemblement.

Ainsi, comme je l'ai dit publiquement le 5 juillet en Seine-et-Marne, je vous propose que nous constituions ensemble ce que l'on pourrait provisoirement appeler une « maison commune » des souverainistes.

Sa forme juridique ne sera sûrement pas celle d'un parti politique, peut-être une association loi 1901, et sa philosophie pourrait se résumer en deux mots : union et liberté. Union car cette maison commune - nous lui trouverons ensemble un nom qui fera consensus -, est clairement là pour unir, rassembler, agréger, et permettre à nos compatriotes de retrouver espoir en nous voyant intelligents dans l'action et unis face aux politiques du pire.

Liberté, car notre maison commune ne sera pas là pour enrôler mais pour rassembler dans la pluralité de nos opinions et traditions, qui sont une véritable richesse pour notre courant d'idée.

Cette maison commune ne se substituera pas, bien évidemment, à nos mouvements, associations, partis politiques, mais elle aura l'immense mérite d'être identifiée par les Français, elle aura une vie active et un nom connu de tous. Très vite, elle devrait même se doter d'une courte Charte, qui reprendrait nos points d'accord car, s'il est évident que nous avons quelques divergences entre nous, nous sommes souverainistes, attachés à la France, et à ce titre là nous avons bien sûr la capacité d'identifier des points d'accord fondamentaux, si nous travaillons en toute bonne foi.

Quand on veut, on peut : je suis persuadé que c'est particulièrement vrai dès qu'il s'agit de la France.

Chacun de nos mouvements pourrait décider de nommer à sa guise un, ou deux, ou trois représentants afin que nous puissions élaborer ensemble cette Charte, en un temps suffisamment court pour permettre à notre maison commune de sortir de terre dès la rentrée prochaine.

Je ne vous fais ici qu'une proposition. Je n'ai pas la prétention de diriger quoi que ce soit, mais j'ai à cœur comme vous de tout faire pour que nous surmontions nos divisions, que je crois parfaitement dépassables.

L'heure est extrêmement grave pour notre pays. Le récent accord européen de Bruxelles, désastreux pour la France, nous oblige encore plus à agir. Si vous avez une meilleure idée, je serai le premier à participer à l'initiative que vous voudrez bien proposer en remplacement de celle que je vous expose ici.

Je ne fixe que trois conditions à ma participation : que cette initiative soit très rapidement mise en place, il n'est plus temps d'attendre, qu'elle soit concrète, et enfin qu'elle soit élaborée dans un esprit de parfaite bonne foi.

Je vous remercie de l'attention que vous avez bien voulu porter à ce courrier.

Je vous prie d'agréer, Madame, Monsieur, l'expression de mes salutations patriotiques.

Florian PHILIPPOT

Bulletin d'adhésion au mouvement Les Patriotes présidé par Florian Philippot
www.les-patriotes.fr

M ☐ MME ☐ Nom ______________________ Prénom ______________________

Date de naissance ____/____/____ Profession ______________________

Adresse postale ______________________

Ville ☐☐☐☐☐ ______________________

Téléphone ______________________ Mail ______________________

Adhésion Classique	Adhésion Soutien	Adhésion Prestige	Adhésion Club	Adhésion Jeune (< 25 ans)	Don
20 €	60 €	100 €	300 €	10 €	------------------

(adhésion pour une durée d'un an)

BULLETIN D'ADHÉSION À RENVOYER AVEC SON CHÈQUE À L'ORDRE de «MANDATAIRE FINANCIER DES PATRIOTES» À:

MANDATAIRE FINANCIER DES PATRIOTES * BP 70460 * 75327 PARIS CEDEX 07

Les données collectées le sont uniquement pour la gestion de votre adhésion et pour des opérations de communication des Patriotes, elle ne sont pas communiqués à des tiers. Vous possédez un droit de rétractation par mail via contact@les-patriotes.fr ou par voie postale à l'adresse suivante : Mandataire financier des Patriotes, BP70460, 75327 Paris Cedex 07

Dépôt légal : septembre 2020

Printed by Amazon Italia Logistica S.r.l.
Torrazza Piemonte (TO), Italy

27837851R00062